Estructura documental:
guía para alumnos de diplomática

Estructura documental: guía para alumnos de diplomática

Nicolás Ávila Seoane

EDICIONES TREA

BIBLIOTECONOMÍA Y ADMINISTRACIÓN CULTURAL - 264

Ediciones Trea, S. L.
María González la Pondala, 98, nave D
33393 Somonte-Cenero. Gijón (Asturias)
Tel.: 985 303 801. Fax: 985 303 712
trea@trea.es
www.trea.es

Dirección editorial: Álvaro Díaz Huici
Producción: José Antonio Martín
Cubiertas: Impreso Estudio
Impresión: Gráficas Ápel
Encuadernación: Encuastur

Depósito legal: AS-00064-2014
ISBN: 978-84-9704-745-6

Impreso en España — Printed in Spain

Índice

Labor didáctica habitual en las asignaturas de diplomática es el análisis estructural de un texto dado. En general, los manuales más asequibles, aunque contemplan el asunto desde un punto de vista teórico, carecen de instrucciones precisas para desarrollar el ejercicio.[1] Se echan en falta también ejemplos que ilustren adecuadamente las definiciones de cada concepto, lo cual, sobre todo cuando se reducen a fórmulas casi invariables, permitiría identificarlos fácilmente.

Este trabajo se plantea como una guía para adiestrarse en tales prácticas. Tras una breve introducción, veremos en síntesis por separado las diversas partes que cabe diferenciar en el diploma, autorizándolas con suficiente variedad de citas extraídas directamente de las fuentes; a continuación, algunos recursos que se pueden emplear para marcarlas y delimitarlas, ya sea digitalmente o bien a mano para ejercicios en clase o exámenes. Va después una colección de quince casos resueltos aplicando los métodos indicados; el repertorio de láminas y transcripciones, sin ser muy amplio, pretende abarcar la casuística fundamental: las hay en latín y en castellano, medievales y modernas y de diferente tipología. Por último, se ofrecen una bibliografía específica y otra de consulta donde pueden encontrarse los principales manuales a los que recurrir en caso de duda.

Vaya mi agradecimiento a los responsables del Archivo Histórico Municipal de Escalona (en adelante AME), de cuyos fondos proceden la mayoría de las imágenes.

[1] En los de Boüard (copiado por Sarrablo), Tomás Marín y Lorenzo Cadarso se ofrecen únicamente sendos ejercicios resueltos sin comentario alguno; el profesor Tamayo dedica un solo párrafo a la cuestión al describir el «esquema para un comentario diplomático», y facilita una «ficha diplomática» donde se limita a enumerar las partes del documento y que el alumno las vaya marcando. Alain de Boüard: *Manuel de diplomatique française et pontificale*, vol. I, París: Éditions Auguste Picard, 1929, pp. 257-259. Eugenio Sarrablo Aguareles: *Nociones de diplomática según las obras de Giry, Boüard, Muñoz Rivero, etcétera*, Alcalá de Henares: Talleres Penitenciarios Alcalá, 1941, pp. 139-141. Tomás Marín Martínez y José Manuel Ruiz Asencio (dirs.): *Paleografía y diplomática*, 2 vols., Madrid: Universidad Nacional de Educación a Distancia, 1988, pp. 193-194. Pedro Luis Lorenzo Cadarso: «Caracteres extrínsecos e intrínsecos del documento», en Ángel Riesco Terrero (ed.): *Introducción a la paleografía y la diplomática general*, Madrid: Síntesis, 2000, pp. 257-284 (pp. 281-283). Alberto Tamayo López-Machuca: *Archivística, diplomática y sigilografía*, Madrid: Cátedra, 1996, pp. 112 y 287.

1. Introducción

Actualmente se considera que la diplomática debe estudiar el documento en todo su conjunto, es decir, abarcando tanto los caracteres externos (conformación o hechura material) como los internos, entre los cuales se encuentra el análisis de su estructura junto con la autoría, la propia información que ofrece el texto, la lengua empleada…

Es obvio que los diplomas no se escriben arbitrariamente, sino adaptándose a patrones más o menos fijos en función de su carácter: un privilegio rodado, una provisión real, un testamento… Se conocen prontuarios desde muy antiguo, como el afamado *Liber diurnus romanorum pontificum,* una colección de modelos para la cancillería pontificia, recopilada cuando acababa el siglo VIII, que se cuenta entre los ejemplares más viejos del Archivo Secreto Vaticano. Su gradual perfeccionamiento dio lugar desde finales del siglo XI al *ars dictandi* y después al *ars notaria,* que se manejó en la documentación privada sobre todo en los siglos XIII y XIV.

Como afirma Millares Carlo, en Castilla la cancillería regia no quedó bien organizada hasta el reinado de Alfonso VII (1126-1157), anteriormente «expedía documentos con formulario muy diverso y difícil de caracterizar».[2] Las *Partidas* de Alfonso X (1252-1284) fijaron los patrones para la Baja Edad Media: el título XVIII de la tercera *Partida* establece las pautas para uso público y privado; he aquí el esquema de las donaciones:

> La carta de tal donadío debe seer fecha en esta manera: Sepan quantos esta carta vieren e oyeren cómo fulán da e otorga por juro de heredat a fulán, rescebiente por sí e por sus herederos, tal cosa que es en tal logar e ha tales linderos. E esta donación le face puramente sin condición ninguna, de su buena voluntat e sin ninguna premia, otorgándole que esta cosa que le da puedan haber e tener él e sus herederos para siempre jamás para facer della e en ella todo lo que quisieren así como de lo suyo mesmo. E dágela con todas sus entradas e

[2] Agustín Millares Carlo: «La Cancillería Real en León y Castilla hasta fines del reinado de Fernando III», *Anuario de Historia del Derecho Español,* 3 (1926), pp. 227-306 (p. 232).

con todas sus sallidas e con todas sus pertenencias quantas ha e debe haber de derecho e de fecho. E otorgó este que fizo el donadío poderío al otro a quien lo dio, de entrar la tenencia desta cosa por sí mesmo quando él quisiese, sin otorgamiento de juez o de otro home qualquier. E sobre todo prometió que esta donación que le fizo, que siempre la habríe por firme e que nunca iríe contra ella en ninguna manera, e señaladamente que nunca la revocaríe deciendo que aquel a quien la ficiera que ge la non gradesciera o que fuera desconosciente faciendo contra él alguna de aquellas cosas que dicen las leyes deste nuestro libro por que pueden seer revocadas las donaciones, así como se muestra en el título que fabla dellas. E otrosí prometió de ampararle esta cosa que le dio de todo home que ge la quisiese contrallar. E todas estas cosas e cada una dellas prometió este que fizo la donación, por sí e por sus herederos, al otro a quien la fizo, de las guardar e de las complir e de nunca venir contra ninguna dellas so pena de cient maravedís; e si contra esto ficiese, que pechase la pena e que la donación siempre fuese estable e valedera, e demás que le pechase todo el daño e el menoscabo e las cosas que ficiese por esta razón. E sobre todo renunció e quitose de toda ley, etcétera, así como sobredicho es en las otras cartas. (Ley LXVII)

Quien primero se acercó al diploma con criterio analítico fue el alemán Theodor von Sickel, al distinguir en los de los reyes carolingios dos grandes partes: el *urkundentexte* (literalmente «texto del documento»), o contenido esencial, dividido a su vez en arenga, promulgación, narración, disposición y corroboración; y el *protokoll,* un ritual de formalidades que abre y cierra el *urkundentexte,* compuesto de invocación, intitulación, elementos de validación, data y aprecación, y que se corresponde con los actuales protocolo y escatocolo.[3]

Los principales tratados italianos y franceses de finales del siglo XIX y principios del XX asumieron ese prototipo y lo fueron aquilatando para poder generalizarlo más allá de los diplomas carolingios. Cesare Paoli[4] plantea la separación del *protokoll* de Sickel en un *protocollo iniziale* y otro *finale* o *escatocollo*: asigna al primero la invocación y la intitulación, y al segundo los elementos de validación, estimando que la data y la aprecación pueden aparecer en uno u otro según los casos. Arthur Giry[5] distingue ya claramente tres apartados con sus correspondientes subdivisiones según un esquema que subsiste: protocolo inicial (invocación, intitulación, dirección y saludo), texto (preámbulo, notificación, exposición, disposición y cláusulas finales) y proto-

[3] Theodor von Sickel: *Acta regum et imperatorum Karolinorum digesta et enarrata,* vol. I, Viena: Hijo de Carl Gerold, 1867, pp. 106-284.

[4] En 1883 Paoli publicó la primera versión de apenas 67 páginas del *Programma scolastico di paleografia latina e di diplomatica.* La segunda edición, que es una de las obras básicas de las ciencias y técnicas historiográficas, creció hasta constar de tres volúmenes: *Paleografia latina* (1888), *Materie scrittorie e librarie* (1894) y *Diplomatica* (1898-1899). Este último tomo es el consultado para este trabajo en su edición de 1942. Cesare Paoli: *Diplomatica,* ed. revisada por Giacomo Carlo Bascapè, Florencia: Sansoni, 1942, pp. 25-26 y 105-179.

[5] Arthur Giry: *Manuel de diplomatique,* París: Hachette, 1894, pp. 527-621.

colo final (fecha, aprecación y elementos de validación). Igual hace Alain de Boüard,[6] que sigue en buena medida a Giry.

Gran impulsor de estos estudios durante la segunda mitad del siglo XX fue el austriaco Heinrich Fichtenau, preocupado por el reflejo de los cambios sociales y culturales en los testimonios escritos alto y plenomedievales.[7] Otro notable manual extranjero es la *Diplomatique médiévale* publicada en 1993 por el francés Olivier Guyotjeannin y los belgas Jacques Pycke y Benoît-Michel Tock, con una provechosa bibliografía muy específica sobre cada epígrafe.

Los estudios de estructura documental fueron traídos a España por Eugenio Sarrablo Aguareles, como declara en el propio título de sus *Nociones de diplomática según las obras de Giry, Boüard, Muñoz Rivero, etcétera,* donde se limita prácticamente a traducir el texto de Boüard añadiendo algún que otro ejemplo y aviso sobre los diplomas castellanos.[8] Mucha más trascendencia tuvo el manual de Antonio Cristino Floriano Cumbreño, quien incorporó definitivamente a nuestra diplomática los estudios europeos de estructura documental.[9] Tomás Marín Martínez y José Manuel Ruiz Asencio[10] reconocen inspirarse sobre todo en Paoli, Boüard y el propio Floria-

[6] Alain de Boüard: *Manuel de diplomatique française et pontificale,* vol. I, o. cit., pp. 253-299 y 318-334.

[7] En su artículo «Forschungen über Urkundeformeln» resume estas teorías y traza un repertorio bibliográfico de las principales investigaciones, principalmente en alemán, en relación con cada parte del documento. Heinrich Fichtenau: «Forschungen über Urkundenformeln», *Mitteilungen des Instituts für österreichische Geschichtsforschung,* 94, pp. 285-339, 1986. Hay que destacar además otras dos publicaciones: una sobre el protocolo (*Arenga: Spätantike und Mittelalter im Spiegel von Urkundenformeln,* Graz/Colonia: Böhlau, 1957) y otra sobre la dirección («Adressen von Urkunden und Briefen», en Heinrich Fichtenau: *Beiträge zur Mediävistik,* vol. 3, Stuttgart: Anton Hiersemann, 1986, pp. 149-166).

[8] Eugenio Sarrablo Aguareles: *Nociones de diplomática según las obras de Giry, Boüard, Muñoz Rivero, etcétera,* o. cit., pp. 137-158, 166-167 y 195-204. Floriano, que sale enseguida, consideraba la obra de Sarrablo «un laudabilísimo intento de reunir ordenadamente la dispersa doctrina diplomática» (Antonio Cristino Floriano Cumbreño: *Curso general de paleografía y diplomática españolas,* Oviedo: Universidad de Oviedo, 1946, p. 50), mientras que Trenchs y Gimeno la critican sin paliativos: «[...] el comentario más favorable es que dio a conocer los títulos de los manuales más en uso fuera de nuestras fronteras. La traducción está llena de errores y alguno de los conceptos expuestos no fue comprendido por el propio autor-traductor. Está superada en todos los conceptos» (José Trenchs Odena y Francisco Miguel Gimeno Blay: *La paleografía y la diplomática en España (siglo XX),* Valencia: Universidad de Valencia, 1989, p. 13).

[9] Antonio Cristino Floriano Cumbreño: *Curso general de paleografía y diplomática españolas,* o. cit., pp. 261-275 y 278-280. Jesús Muñoz y Rivero en sus *Nociones de diplomática española. Reseña sumaria de los caracteres que distinguen los documentos anteriores al siglo XVIII auténticos de los que son falsos o sospechosos,* Madrid: La Guirnalda, 1881, pp. 90-133, aún no se hace eco de la tesis de Sickel y solo reconoce cláusulas de dos tipos: formularias («de carácter puramente accidental hasta el punto de que pudieran haberse suprimido sin que por ello quedase desnaturalizado el documento»: invocación, preámbulo, notificación y salutación) y esenciales («necesarias, íntimamente unidas al asunto del documento el cual quedaría desnaturalizado y no daría idea exacta de su contenido si desapareciesen»: personales, relativas a la firmeza y condiciones del contrato, fecha y suscripciones).

[10] Tomás Marín Martínez y José Manuel Ruiz Asencio (dirs.): *Paleografía y diplomática,* o. cit., vol. II, pp. 173-185, 199-203 y 217-225. La edición príncipe es de 1977.

no, pero hacen «una recensión nueva y completa aunque brevísima», muy sistemática y con gran claridad expositiva; para referirse a la parte primordial introdujeron el término *cuerpo* en lugar del quizá más ambiguo *texto,* utilizado hasta entonces por influjo del *urkundentexte* de Sickel. Alberto Tamayo sí incluye bastantes ejemplos de intitulaciones reales y de invocaciones, al tiempo que modifica los nombres y la clasificación de las cláusulas que habían propuesto sus antecesores, y dedica unas páginas aparte al estudio de la estructura de los instrumentos privados.[11] En una de las más recientes obras tuteladas por Ángel Riesco Terrero, esta cuestión ha sido analizada por Pedro Luis Lorenzo Cadarso, quien, basándose en los tres manuales anteriores, expone únicamente el modelo del «documento real dispositivo» y vuelve al esquema de cláusulas propuesto por Tomás Marín y José Manuel Ruiz Asencio.[12]

Los capítulos que tales libros de texto dedican a la estructura documental constituyen el soporte teórico de la presente guía, si bien hay que indicar que la mayoría de ellos, lo mismo españoles que extranjeros, se centran sobre todo en los diplomas medievales más solemnes, prestando mucha menor atención a los expedidos en época moderna o a los de ámbito particular. Por ello, ha sido preciso recurrir también a los trabajos de María de la Soterraña Martín Postigo sobre las cancillerías de los Reyes Católicos y los Austrias,[13] de Pedro Luis Lorenzo Cadarso acerca de la diplomática real y judicial en los siglos XVI y XVII[14] o de Luciana Duranti para el documento contemporáneo.[15]

[11] Alberto Tamayo López-Machuca: *Archivística, diplomática y sigilografía,* o. cit., pp. 76-96 y 103-110.

[12] Pedro Luis Lorenzo Cadarso: «Caracteres extrínsecos e intrínsecos del documento», o. cit., pp. 257-284.

[13] María de la Soterraña Martín Postigo: *La cancillería de los Reyes Católicos,* Valladolid: Universidad de Valladolid, 1959; «La Cancillería castellana en la primera mitad del siglo XVI», *Hispania,* 95, pp. 348-367, y 96 (1964), pp. 509-551; «Aportación al estudio de la Cancillería Real castellana en la segunda mitad del siglo XVI», *Hispania,* 106 (1967), pp. 381-404; «La Cancillería Real castellana en el siglo XVII», *Cuadernos de Historia de España,* 69 (1987), pp. 123-195.

[14] Pedro Luis Lorenzo Cadarso: *El documento real en la época de los Austrias (1516-1700),* Cáceres: Universidad de Extremadura, 2001; *La documentación judicial en la época de los Austrias. Estudio archivístico y diplomático,* Cáceres: Universidad de Extremadura, 2004.

[15] Luciana Duranti: *Diplomática. Usos nuevos para una antigua ciencia,* Carmona: S&C Ediciones, 1996.

2. Partes principales del documento

Como ya queda apuntado, en la mayor parte de los diplomas es posible distinguir tres grandes segmentos: protocolo, también llamado *protocolo inicial,* cuerpo y escatocolo o protocolo final.[16]

La palabra *protocolo* deriva del griego tardío πρωτοκόλλον, literalmente «lo pegado en primer lugar», término que designaba la hoja cabecera del rollo de papiro.[17] Efectivamente, se sitúa por regla general al principio del texto y en él podemos encontrar ciertas frases hechas relativas al autor y al destinatario, otra a la divinidad y un saludo.

En el cuerpo radica el fondo de lo que se trae entre manos y su justificación, pero también cláusulas de diverso tipo o formulismos jurídicos.

El término *escatocolo,* ausente del Diccionario de la Real Academia Española, procede del griego ἔσχατος, «último», pues va en la mayor parte de los casos al final del diploma y está integrado por la fecha, la *apprecatio* y los elementos de validación y autenticación.

Ahora entraremos en el detalle de los distintos componentes de cada una de estas tres grandes secciones, aunque, a decir verdad, no tienen por qué aparecer todos ni en un mismo orden y también pueden ir piezas del protocolo mezcladas con otras del cuerpo o el escatocolo; lo que en definitiva se pretende es que el estudiante sepa reconocer cuáles están presentes en el ejercicio concreto que se le plantea y adscribirlas convenientemente con independencia de dónde se ubiquen.

[16] Son ante todo los diplomatistas alemanes quienes hablan de *protocolo inicial* y *protocolo final*; casi todos los demás prefieren utilizar *protocolo* y *escatocolo*.

[17] Para la etimología de *protocolo* pueden verse el *Diccionario crítico etimológico castellano e hispánico* de Corominas (voz *cola II*) o las obras de Pratesi (Alessandro Pratesi: *Genesi e forme del documento medievale,* Roma: Jouvence, 1987, p. 74) y Duranti (Luciana Duranti: *Diplomática. Usos nuevos para una antigua ciencia,* o. cit., p. 140). Los rollos de papiro estaban formados por una serie de hojas, generalmente en torno a veinte, que se empalmaban pegándolas (de ahí el verbo κολλάω, «encolar») por su lado más estrecho (Elisa Ruiz García: *Introducción a la codicología*, Madrid: Fundación Germán Sánchez Ruipérez, 2002, pp. 50-51).

Es costumbre aceptada acudir al latín para nombrar cada uno de estos subapartados, pero su identificación con el equivalente castellano carece de dificultad porque siempre se trata del latinismo puro.

- **Protocolo**
  - **Invocación** (*invocatio*): referencia divina.
  - **Intitulación** (*intitulatio*): autor.
  - **Dirección** (*directio*): destinatario.
  - **Salutación o saludo** (*salutatio*).
- **Cuerpo**
  - **Preámbulo** (*preambulum*): justificación genérica, desvinculada del asunto central.
  - **Notificación** (*notificatio*): forma verbal o locución anunciadora.
  - **Exposición** (*expositio*): justificación directa de motivos concretos.
  - **Disposición** (*dispositio*): propósito y voluntad o juicio del autor.
  - **Sanción y corroboración** (*sanctio et corroboratio*)
    - **Cláusulas sancionativas**
      - De cumplimiento.
      - Derogativas.
      - De emplazamiento.
      - Obligatorias.
      - Penales.
      - Preceptivas.
      - Prohibitivas.
      - De publicación.
      - Renunciativas.
      - Reservativas.
      - Otras.
    - **Cláusulas corroborativas.**
    - **Cláusulas de cortesía y sometimiento.**
- **Escatocolo**
  - **Data o fecha** (*datatio*): tópica y crónica.
  - **Aprecación** (*apprecatio*): buen augurio.
  - **Elementos de validación y autenticación** (*validatio et autenticatio*).

Salvado: fe de erratas.
Brevete: resumen.

FIGURA 1. Esquema general de las partes del documento

3. Protocolo

El conjunto introductorio se configura así:

3.1. INVOCACIÓN *(INVOCATIO)*

Es una apelación divina auspiciadora del buen fin de lo que se pretende. En caso de existir, la invocación va siempre al principio y puede ser figurativa o simbólica, y textual o verbal, sin que sea raro verlas combinadas.

La simbólica consiste en un monograma o emblema de Cristo, y sus manifestaciones más frecuentes son el crismón y la cruz. El crismón ocupa la esquina superior izquierda del texto (también pueden aparecer crismones en el escatocolo, pero en sentido diplomático no constituyen invocación). Los más simples están compuestos únicamente por una χ (ji) y una ρ (ro) entrelazadas, que son las iniciales del nombre de Cristo en griego (Χριστός), y pueden complementarse con un semicolon en forma de 9 que abrevia el sufijo *-us* del nominativo de Cristo en latín, la *s* final de la palabra, el alfa y omega, un pequeño trazo horizontal que en unión del vertical de la ρ forman una cruz, y adornos discrecionales.[18]

La simple cruz, que es el símbolo invocatorio más común tratándose de papel, se coloca aislada en el centro de la parte superior de la hoja y a veces tiene un alto grado de cursividad, llegando incluso a dibujarse de un solo trazo. No han de tenerse por invocación otras cruces ocasionales que sirven para hacer juramentos o firmar quienes no sabían escribir ni su nombre.

[18] Un detallado estudio acerca de los modelos de crismón en los siglos VIII y IX puede verse en Susana Cabezas Fontanilla: «De la *invocatio* en los documentos altomedievales (718-910)», en Juan Carlos Galende Díaz y Javier de Santiago Fernández (dirs.): *VIII Jornadas Científicas sobre Documentación en la Hispania Altomedieval (siglos VI-X)*, Madrid: Universidad Complutense de Madrid, 2009, pp. 49-69.

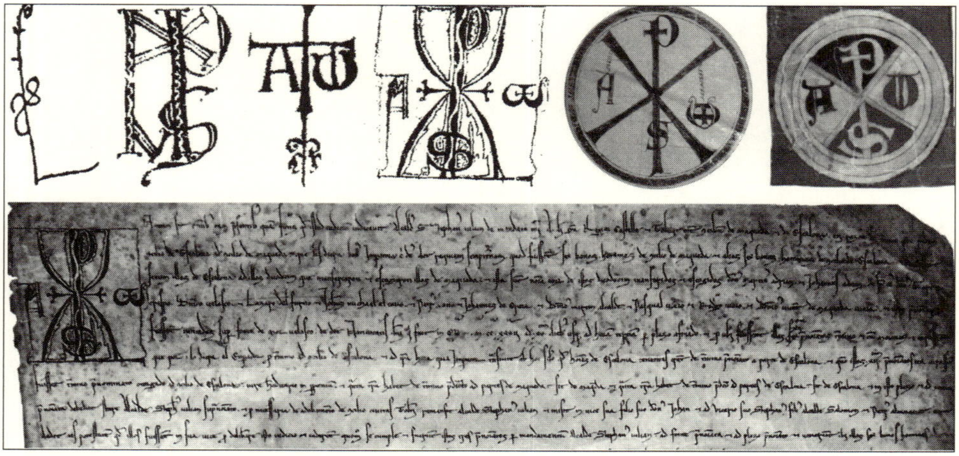

FIGURA 2. Diversos tipos de crismones

FIGURA 3. Cruces

Más raro es que la invocación simbólica adopte otras formas como las letras *IHS* del nombre de Jesús en latín.

Cuando la invocación es verbal, suele aludir brevemente a Dios Padre o a Cristo, a la Santísima Trinidad o a la Virgen:

In Dei nomine.
In nomine Domini.
In nomine Patris et Filii et Spiritus Sancti.
Sub Christi nomine et indiuidue Trinitatis, Patris et Filii et Spiritus Sancti.
En el nombre de Dios, amén.
En el nombre de la Santíssima Trinidad, Padre, Hijo y Espíritu Santo, tres personas y un solo Dios verdadero.
En el nombre de Dios e de Santa María e de toda la Corte del Cielo, amén.

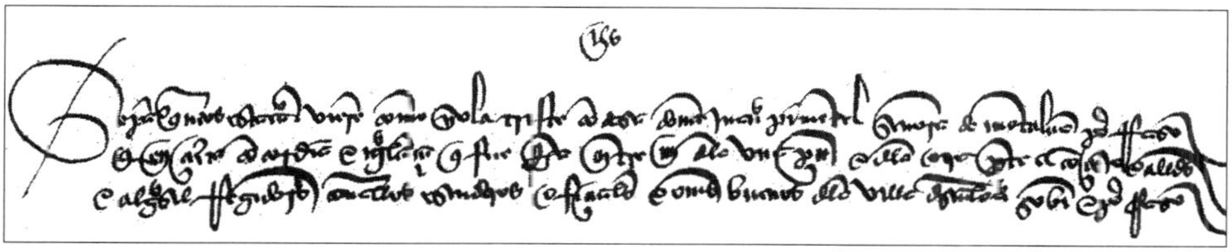

FIGURA 4. Monograma de *Ih*(esu)*s*

Pero también puede ampliarse el enunciado:

> En el nombre de Dios Padre e Fijo e Spíritu Santo, tres personas y un solo Dios verdadero sin el qual ninguno comienzo ni medio puede aver buen fin.
>
> En el nonbre de la Santa Trenidat e de la eterna unidat que vive e rregna por siempre e sin fin, e de la bienaventurada Virgen gloriosa Sennora Santa María, a quien yo tengo por sennora e por abogada en todos los mis fechos, e a honrra e serviçio suyo e del bienaventurado apóstol sennor Santiago, luz e espeio de las Espannas, patrón e guiador de los rreyes de Castilla, cuyo cavallero e alférez yo soy.

3.2. INTITULACIÓN *(INTITULATIO)*

Designa al otorgante o autor del documento.[19]

Asiduamente, tanto reyes como nobles y eclesiásticos de alto rango aprovechan este epígrafe para hacer ostentación de su poder, añadiendo al nombre una gran variedad de elementos que, para la documentación hispana, extractó Floriano en su manual:[20] pronombre *(ego, nos, yo)*, tratamiento *(dominus, dompnus, don)*, fórmula de humildad (*humilis, famulus, servus Dei…* y señaladamente el *servus servorum Dei*, típico aunque no exclusivo de los documentos pontificios), título (*imperator, rex, infans, dux, comes, episcopus, Abbas…* y sus correspondientes castellanos) y dominio

[19] Paoli englobaba bajo este lema tres conceptos: autor, destinatario y saludo, es decir, lo que actualmente llamamos *intitulación, dirección* y *salutación.* La escuela francesa (Arthur Giry, Alain de Boüard o el manual de Guyotjeannin, Pycke y Tock), ya con el sentido actual, restringido únicamente al autor, la denomina *suscription,* término fácil de confundir con *souscription,* que se reserva a determinados elementos validativos. Como declara el propio Giry, los diplomatistas alemanes han preferido *intitulatio,* vocablo que también se ha impuesto entre los españoles a excepción de Sarrablo, quien, copiando a Boüard, habla de *suscripción.* Cesare Paoli: *Diplomatica,* o. cit., p. 134. Arthur Giry: *Manuel de diplomatique,* o. cit., p. 553. Eugenio Sarrablo Aguareles: *Nociones de diplomática según las obras de Giry, Boüard, Muñoz Rivero, etcétera,* o. cit., p. 143.

[20] Antonio Cristino Floriano Cumbreño: *Curso general de paleografía y diplomática españolas,* o. cit., pp. 267-268.

territorial. Los reyes también acostumbran a citar a la reina y al primogénito y, con menor frecuencia, al resto de la prole o a algún otro pariente.[21]

Algunos ejemplos:

> Ego exiguus ac pusillus seruus seruorum Dei Aloitus comes.
>
> Ego Astrulfus indignus abbas una cum fratribus meis.
>
> Ego Adefonssus [III] rex, filius Ordonii regis, quartus in succesionem regni casto Adeffonsso, una cum coniuge mea Xemena regina necnon et filiis nostris Garcia, Ordonio, Gundisaluo Ouetano archidiacono, Froila, Ranimiro.
>
> Ego exigus seruus tuus Adefonsus [III] rex, filius serui tui et ancille tue, pariter cum coniuge mea Xemena, serua tua.
>
> Fridericus [I Barbarroja], diuina fauente clementia Romanorum imperator augustus.
>
> Don Pedro [IV], por la gracia de Dios rrey de Aragón, de Valencia, de Mallorcas, de Cerdenya e de Córcega, e comte de Barchelona, de Rossellón e de Cerdanya.
>
> Yo don Pedro [I], por la gracia de Dios rrey de Castiella, de Toledo, de León, de Gallizia, de Sevilla, de Córdova, de Murçia, de Iahén, del Algarbe, de Algezira, e sennor de Molina.
>
> Karlos [II], por la gracia de Dios rey de Navarra, conte de Evros.
>
> Don Enrrique, por la gracia de Dios príncipe de Asturias, fiio primogénito heredero del mui alto e mui poderoso, esclarecido príncipe e rrey e sennor, mi sennor el rrey don Iohán de Castilla e de León (del futuro Enrique IV).
>
> Nos, don Juan Arias de Ávila, por la graçia de Dios e de la Santa Yglesia de Roma obispo de Segovia, oydor de la Audiençia del rrey e rreyna nuestros sennores, e del su Consejo.
>
> Sixtus [IV] episcopus, seruus seruorum Dei.
>
> Yo, don Álvaro de Luna, condestable de Castilla e conde de Santestevan e sennor del Infantadgo.
>
> Dom Joham [II], per graça de Deos rrey de Purtugal e de Alguarves, daquem e dalem mar em África, e senhor de Guinee.
>
> Don Françisco Piçarro, adelantado, governador e capitán general en estos rreynos de la Nueva Castilla por Su Magestad.
>
> Don Juan Martín Díez el Empecinado, mariscal de campo de los rreales exércitos.

[21] Sobre la intitulación de los diplomas altomedievales de los reinos peninsulares occidentales, con una extensa lista de ejemplos, véase Susana Cabezas Fontanilla y Nicolás Ávila Seoane: «La intitulación en la documentación regia: de Pelayo a Alfonso VI», en Alfonso García Leal; Ramón Gutiérrez González y Clara Elena Prieto Entrialgo (eds.): *MC aniversario de la muerte de Alfonso III y de la tripartición del territorio del reino de Asturias*, vol. I, Oviedo: Ediciones Trabe, 2010, pp. 263-312). Para la Plena Edad Media: Nicolás Ávila Seoane: «La memoria regia en los documentos de merced a las sedes episcopales de la *extremadura* castellana: de Alfonso VII a Alfonso X», en Pascual Martínez Sopena y Ana Rodríguez López (eds.): *La construcción medieval de la memoria regia*, Valencia: Universidad de Valencia, 2011, pp. 107-134 (pp. 108-116).

Téngase en cuenta que la frase de intención legitimadora *por la gracia de Dios,* presente en algunos de estos casos, no debe considerarse invocación, sino que forma parte de la intitulación.[22]

A medida que la Reconquista va avanzando hacia el sur y que la política de matrimonios reales y las conquistas de la Edad Moderna van ensanchando el Imperio hispánico por Europa y América, los monarcas hacen gala de sus nuevos dominios incorporándolos a la intitulación, que se torna muy extensa:[23]

> Don Fernando e doña Isabel, por la gracia de Dios rrey e rreyna de Castilla, de León, de Aragón, de Secilia, de Granada, de Toledo, de Valencia, de Galicia, de Mallorca, de Sevilla, de Cerdeña, de Córdova, de Córcega, de Murcia, de Jahén, de los Algarves, de Algecira, de Gibraltar y de las islas de Canaria, conde y condesa de Barcelona, señores de Vizcaia y de Molina, duques de Athenas y de Neopatria, condes de Rosellón y de Cerdania, marqueses de Oristán y de Gociano.
>
> Don Phelipe [III], por la graçia de Dios rrey de Castilla, de León, de Aragón, de las Dos Siçilias, de Jerusalem, de Portugal, de Navarra, de Granada, de Toledo, de Valençia, de Galiçia, de Mallorcas, de Sevilla, de Cerdeña, de Córdova, de Córzega, de Murçia, de Jaén, de los Algarves, de Algezira, de Jibraltar, de las yslas de Canaria, de las Yndias, yslas y tierra firme del mar Oçéano, archiduque de Austria, duque de Borgoña, de Bravante y Milán, conde de Abspurg, de Flandes y de Tirol, señor de Vizcaya y de Molina, etcétera.
>
> Nos don Fernando, VII de este nombre, por la gracia de Dios rrey de Castilla, de León, de Aragón, de las Dos Sicilias, de Jerusalén, de Navarra, de Granada, de Toledo, de Valencia, de Galicia, de Mallorca, de Sevilla, de Cerdeña, de Córdova, de Córcega, de Murcia, de Jaén, de los Algarves, de Algeciras, de Gibraltar, de las islas de Canarias, de las Indias orientales y occidentales, islas y tierra-firme del mar Occéano, archiduque de Austria, duque de Borgoña, de Bravante y Milán, conde de Abspurg, de Flandes, Tirol y Barcelona, señor de Vizcaya y de Molina.

Como vemos en el ejemplo de Felipe III, la lista, aun siendo tan larga, termina con un *etcétera,* circunstancia mucho más abundante y drástica en las copias encargadas a los registradores para los archivos reales: «Don Ferrando e doña Ysabel, etcétera».

Otras veces, en cambio, la intitulación es muy lacónica, como en las misivas (desde Juan II) o en las cédulas: únicamente «El rrey» (o «El rrey y la rreyna», en el caso de los Reyes Católicos), en el margen superior y separada del resto del texto. Lo mismo ocurre con el nombre del pontífice en los breves y motupropríos vaticanos.

[22] Olivier Guyotjeannin, Jacques Pycke y Benoît-Michel Tock: *Diplomatique médiévale,* Turnhout: Brepols, 1993, p. 73.

[23] En el manual de Tamayo puede verse una exhaustiva lista de las intitulaciones reales desde Alfonso VII hasta Carlos III. Alberto Tamayo López-Machuca: *Archivística, diplomática y sigilografía,* o. cit., pp. 79-82.

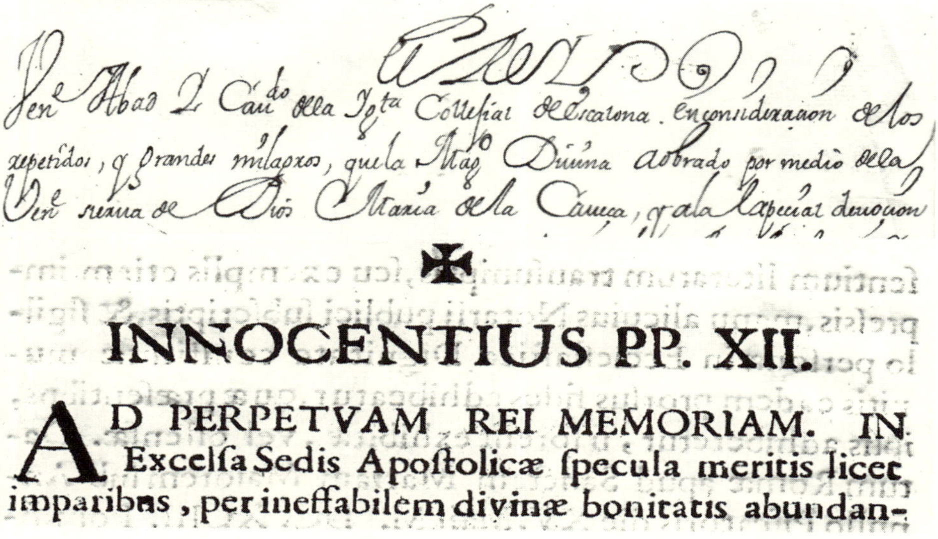

INNOCENTIUS PP. XII.

AD PERPETVAM REI MEMORIAM. IN Excelſa Sedis Apoſtolicæ ſpecula meritis licet imparibus, per ineffabilem divinæ bonitatis abundan-

FIGURA 5. Intitulaciones en una cédula de Carlos II («El rrey») y la copia de una carta apostólica de Inocencio XII («Innocentivs papa XII»)[24]

Las regencias y otras situaciones anómalas del trono quedan igualmente reflejadas:

Nos don Carlos, por la divina clemencia, etcétera, enperador semper augusto, rrey de Alemania; doña Juana su madre y el mesmo don Carlos su hijo, por la gracia de Dios rreyes de Castilla, de León, de Aragón, de las Doss Secilias, de Jerusalén, de Nabarra, de Granada, de Toledo, de Valencia, de Galicia, de Mallorcas, de Sevilla, de Cerdeña, de Córdoba, de Córcega, de Murçia, de Jahén, de los Algarbes, de Algeçira, de Gibraltar e de las illas de Canaria, e de las Yndias, illas e tierra firme del mar océano, condes de Barçelona e señores de Viscaya e de Molina, duques de Attenas e de Neopatria, condes de Ruisellón y de Çerdania, marqueses de Oristán y de Goçiano, archiduques de Austria, duques de Borgoña e de Bravante, condes de Flandes e de Tirol, etcétera.

Doña Juana, ynfante de Castilla, prinçesa de Portugal, gobernadora y lugarteniente general en estos rreynos de Castilla y León en ausencia del rrey don Phelippe [II], mi señor hermano.

Doña Isabel segunda, por la gracia de Dios y por la Constitución de la monarquía española rreina de las Españas, y en su rreal nombre y durante la menor edad doña María Cristina de Borbón, rregente y gobernadora del rreino.

[24] Archivo parroquial de San Miguel de Escalona, sin catalogar.

Algo similar puede ocurrir en la documentación privada, sobre todo judicial, cuando un procurador o un escribano actúan por delegación:

> Juan Matheo de Medrano, escribano del número desta ciudad, en nombre de Pedro Simón de Cobalera, vecino della.
>
> Fray Diego de Haro, procurador del convento de la Santísima Trinidad de la ciudad de Logroño, por sí y en nombre del dicho convento.
>
> Pedro de Valdibieso, en nombre de Juan Serrano de la Plaça, becino desta ciudad.
>
> Francisco Gil de Aponte, en nombre del rreyno.

Como corresponde a este apartado, y dependiendo de cada circunstancia, encontramos aquí gran diversidad de profesiones, cargos, títulos académicos, divisas...:

> Nos don Pedro González de Mendoza, cardenal de España, juez árbitro arbitrador tomado y escogido entre partes.
>
> El licenciado don Alonso de los Ríos Angulo, del Consejo de Su Magestad y su oidor en la Real Chancillería de Valladolid, corregidor en Logroño.
>
> Leandro Muñoz de Velasco, maestro de niños en esta villa de Escalona.
>
> Gaspar de Alvurquerque, procurador que soy y é sido del ayuntamiento desta villa.
>
> Yo el lizenciado don Fernando Briz y Medrano, cura propio de dicha parroquial.
>
> Yo la triste condesa donna Iuana Pimentel, sennora de Montalván.

Y, a falta de otros méritos, la simple vecindad:

> Yo Bartolomé González del Olmo, veçino de la villa del Pozuelo de Belmonte.

El preceptivo permiso del marido a la mujer para intervenir en determinados actos jurídicos o contratos es otra particularidad de la intitulación:

> Yo don Iohán Pacheco, marqués de Villena, mayordomo mayor del rey mi sennor e del su Consejo, e yo donna María Portocarrero, marquesa de Villena, muger de vos el dicho marqués, con liçençia e autoridat que para ello vos pido e demando.
>
> Yo Francisco Costalero e Juan Nasçido e Francisco Herrero de Alonso Herrero e Martín Sanches, escrivano, e Alonso Peres de Alonso Peres e Pedro de la Horma e Alonso Peres de Miguel Pérez e Catalina Sanches, muger de Benito Sanches Raboso, e Mari Sanches, muger de Diego Ferrandes, defunto que Dios aya, e Ynés Díaz de Benavente, muger de Juan de Barrientos, e Francisca Peres, muger de Juan Garçía Barbero, e Mençía Gonçales, muger de Gerónimo Pérez, con liçençia e autoridad e mandamiento y espreso consentimiento que ante todas cosas pedimos e demandamos a los dichos Juan de Barrientos e Gerónimo Peres e Juan García Barbero, nuestros maridos, para hotorgar todo lo que de yuso en esta carta de poder será contenido, e nos los dichos Juan de Barrientos e Gerónimo Peres e Juan

Garçía Barbero dezimos que damos e dimos la dicha liçençia e autoridad e mandamiento y espreso consentimiento a vos las dichas Ynés Días de Benavente e Francisca Pérez e Mençía Gonçales para hotorgar por vosotras mismas todo lo que de yuso en esta carta de poder será contenido, e yo Aldonça Días de Benavente, muger que fuy de Diego de Maldonado, defunto que Dios aya, e Juana Gonçales, muger que fuy de Alonso de Diego Peres, defunto que Dios aya, todos veçinos e veçinas de la villa del Pozuelo de Belmonte.

Como acabamos de ver, el sujeto de la intitulación puede ser múltiple:

Ego Eugenius presbiter cum socios meos, id est: Belastar et Gersius et Nonna.

Yo Alonso de Venavente e Diego de Quiñones e Veatriz de Venavente e María de Venavente e Aldonça de Venavente, veçinos de la villa de Poçuelo de Belmonte.

Nos los inquisidores contra la herética pravedad y apostasía en la çiudad y reyno de Toledo por auttoridad apostólica.

Y también colegiado:

Nos capitulum Secobiense ecclesie.

Nos el honrado Concejo de la Mesta de la muy noble y muy leal ciudad de Calatayud.

Nos el concejo de la ciudad de Segovia.

Nos el cabildo de la eglesia de Sant Salvador de Ávila.

Nos el ayuntamiento, justiçia y rregimiento de la villa de Almorox.

3.3. DIRECCIÓN *(DIRECTIO)*

La *directio* especifica el destinatario del documento.[25] Lo más habitual es que en latín vaya en dativo, y en castellano con la preposición *a:*

Tibi Ermillo Rodriguez.

Vobis hominibus de Naigara tam presentibus quam futuris ac filiis vestris et omni generationi vestre.

Dilecto filio[26] ministro fratrum minorum prouinciali in Austria.

[25] Floriano la llama a veces *inscriptio* siguiendo a Sickel, pero el término mayoritario y el que admiten los demás tratadistas españoles es *dirección.* En cambio, autores italianos como Pratesi o Duranti sí usan *inscriptio.* Antonio Cristino Floriano Cumbreño: *Curso general de paleografía y diplomática españolas,* o. cit., p. 263. Theodor von Sickel: *Acta regum et imperatorum Karolinorum digesta et enarrata,* o. cit., vol. I, pp. 170-173. Alessandro Pratesi: *Genesi e forme del documento medievale,* o. cit., p. 77. Luciana Duranti: *Diplomática. Usos nuevos para una antigua ciencia,* o. cit., p. 126.

[26] Este es uno de los saludos preferidos por los pontífices.

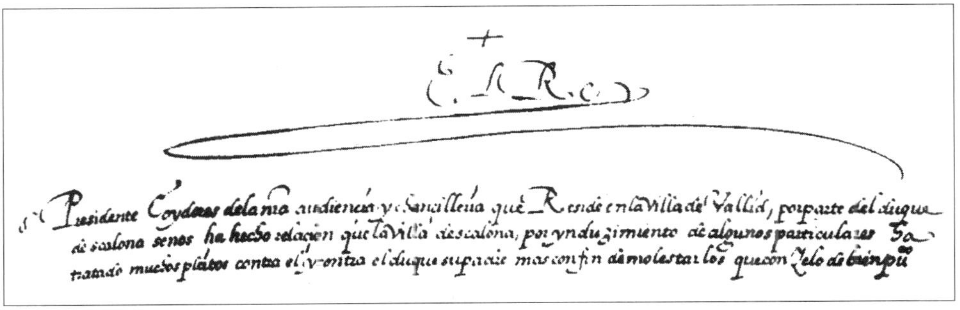

Figura 6. «(*Cruz*) El rrey. [*dirección:*] Presidente e oydores de la nuestra Audiençia y Chançillería que rreside en la villa de Valladolid: por parte del duque d'Escalona se nos ha hecho relaçión que la villa d'Escalona, por ynduzimiento de algunos particulares, ha tratado muchos pleitos contra él y contra el duque su padre más con fin de molestarlos que con zelo de bien público…»

A vos el conçejo, corregidor, alguasil, rregidores, cavalleros e escuderos, ofiçiales e onbres buenos de la mi villa dEscalona.

A Diego Velázquez, pintor.

Determinados tipos documentales, como las misivas a partir del siglo xv o las cédulas reales, nombran al destinatario en vocativo inmediatamente después de la intitulación, que en estos casos va aislada en la parte superior de la hoja, según acabamos de ver en el punto anterior.

En la Edad Moderna las peticiones, memoriales, oficios, notas de oficio, consultas al rey, reales órdenes, querellas, demandas, apelaciones, alegaciones… pueden llevar la dirección aislada en el margen superior, y entonces el nombre propio del destinatario se sustituye por un tratamiento de cortesía en vocativo:

Sacra católica real magestad (abreviado SCRMag).
Sacra católica cesárea real magestad (SCCRMag).
Señor.
Excelentísimo señor.
Muy poderoso señor.
Señoría.
Excelencia.

Por el contrario, en la misma época los oficios, reales decretos[27] y reales órdenes la colocan en el margen inferior.

[27] Solo los que se hacían en folio aparte, pero no los redactados como nota marginal en una consulta al rey.

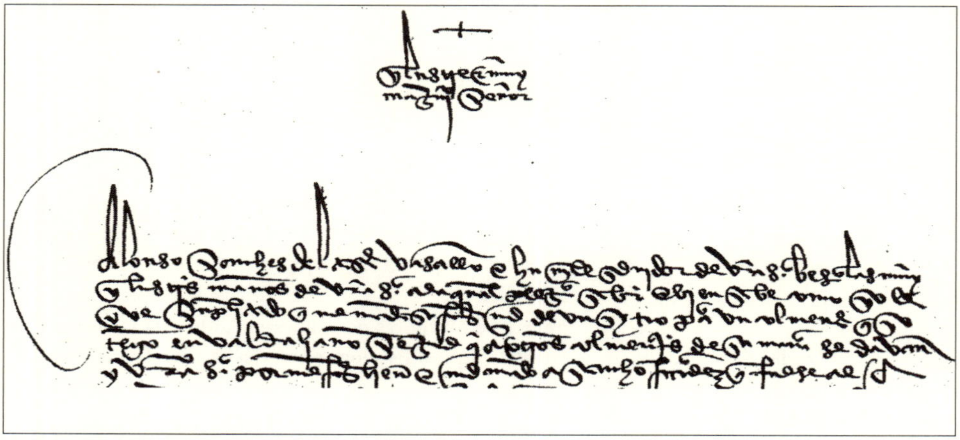

FIGURA 7. «Ylustre y muy magnífico señor»

Paralelamente a lo visto en la intitulación, hay documentos dirigidos a instituciones, organismos o corporaciones, pero aquí los destinatarios pueden ser incluso seres celestiales:

> Vobis domnos sanctis gloriosisque martiribus nobisque post Christum Ihesum fortissimis patronis Facundi et Primitivi quorum corpora sepulta venerantur in eclesia in loco Calzata que est sita super ripam fluminis cui nomen est Ceia in finibus Gallecie.
>
> Deo et ecclesie Sancte Marie de Segoncia vobisque domino Lupo instanti eiusdem episcopo vestrique successoribus.
>
> Vobis domno Gonzaluo Petri de Turrecremata et uxori uestre domne Marie Ermildiz et omni successioni et posteritati uestre.
>
> A vos don Farax, moro morador en Montiel.
>
> A vos, donna María de Padiella.
>
> A vos, Yénego Ortiz de las Cuevas, vasallo de don Fernando mi fiio, et a vos, Gil Velasques de Segovia, nuestro alcalle en la nuestra Corte.
>
> A vos, la dicha villa del Poçuelo de Velmonte.
>
> A vos, el dicho don Diego Urtado de Mendoça y de Luna, marqués de Çenete.
>
> A vos don Christóval Gómez de Sandoval, duque de Uceda, gentilhombre de nuestra cámara.
>
> A vos, Alonso Pérez, mi hijo, vezino desta villa.

Se denomina *dirección corporativa* la que radica en determinado colectivo social sin precisar nombres, en particular grupos de empleados o cargos públicos o eclesiásticos:

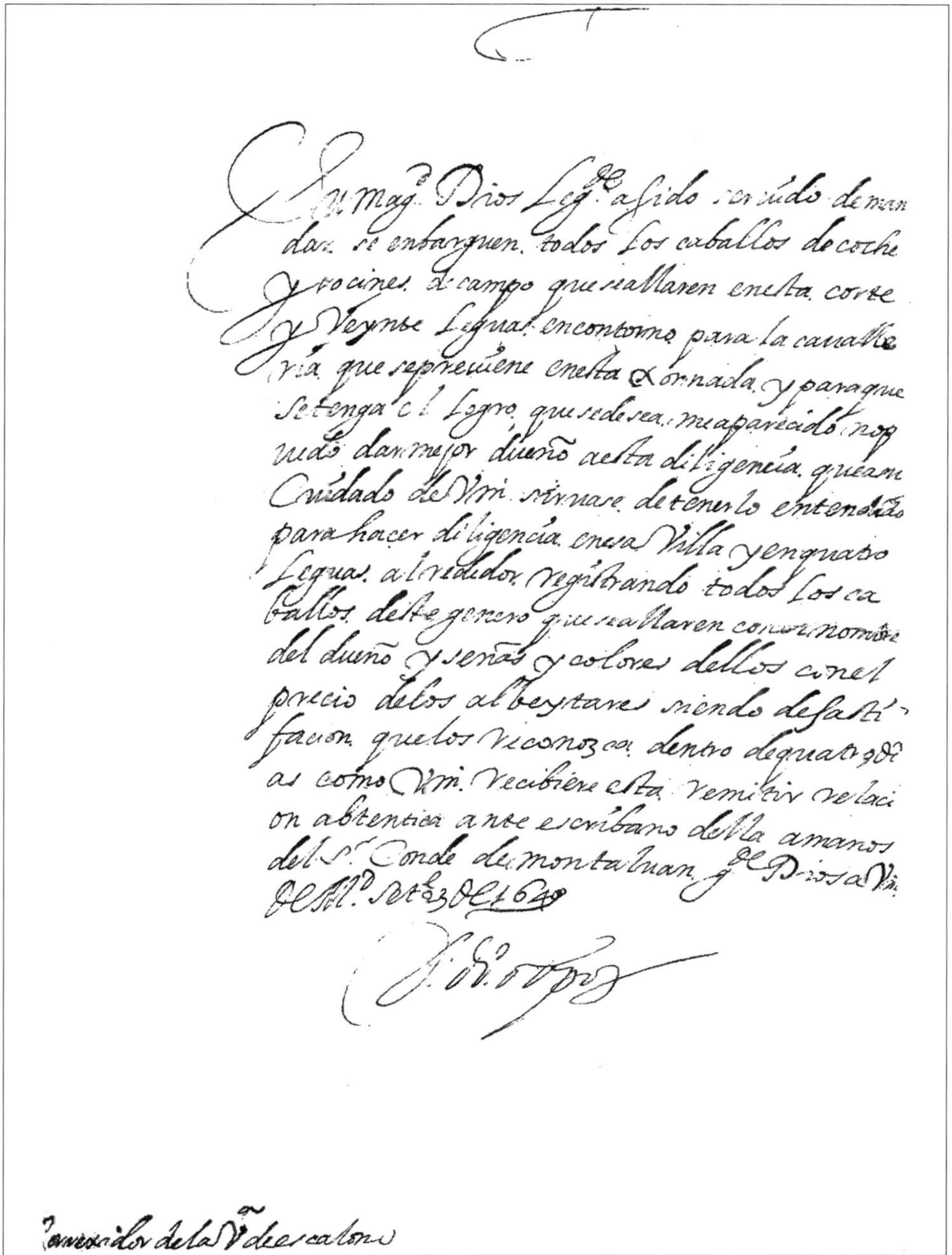

Su Mag.d Dios le g.de a sido servido de man
dar se enbarguen todos los caballos de coche
y rocines de campo que se hallaren en esta corte
y veynte leguas encontorno para la cavalle
ria que se previene en esta jornada y para que
se tenga el logro que se desea me a parecido no p
uedo dar mejor dueño a esta diligencia que al
cuidado de V.m. sirviere de tenerlo entendido
para hacer diligencia en esa villa y en quatro
leguas alrededor registrando todos los ca
ballos deste genero que se hallaren con el nombre
del dueño y señas y colores dellos con el
precio de los albeytares siendo de satis
facion que los reconozca dentro de quatro di
as como V.m. recibiere esta remitir relaci
on autentica ante escribano della a manos
del S.r Conde de montalvan g.de Dios a V.m.
de M.d set.e 3 de 1640

Correxidor de la V.a de escalona

FIGURA 8. Real orden de Felipe IV y en su nombre el presidente del Consejo de Castilla Diego de Castejón y Fonseca al «correxidor de la villa de Escalona»[28]

[28] AME, Documentación Real, Provisiones Reales, libro 1, f. 24.

Venerabilibus fratribus archiepiscopis, episcopis et dilectis filiis abbatibus, prioribus, archidiaconis, archipresbiteris et ceteris ecclesiarum prelatis ad quos littere iste peruenerint.

A todos los conçeios, alcalles, iurados, iueses, alguasiles, merinos, comendadores, e a todos los otros aportellados de las villas e de los lug[ar]es del arçidianago de Talavera, tanbién rregalengo como abadengo, e los lugares de las órdenes como los otros sennoríos.

A vos el conçeio, alcaldes, alguasil, rregidores, cavalleros, escuderos, ofiçiales e omes buenos de la dicha villa de Escalona.

A vos los nuestros contadores mayores.

A los del nuestro Consejo, presidente y oidores de las nuestras audienҫias, alcaldes, alguaçiles de la nuestra Cassa y Corte y chançillerías, y a todos los corregidores, asistente, governadores, alcaldes mayores y hordinarios y otros juezes y justiçias qualesquier de todas las çiudades, villas y lugares de los nuestros reynos y señoríos, y a cada uno y qualquier dellos en su jurisdiçión.

A los ynfanttes, prelados, duques, marqueses, condes, rricoshombres, priores de las hórdenes, comendadores y subcomendadores, alcaides de los castillos y casas fuertes y llanas, y a los del mi Consexo, presidente y oidores de las mis audiencias, alcaldes, alguaçiles de la mi Casa y Cortte y chançillerías, y a todos los concexos, corregidores, asistente, governadores, alcaldes, alguaciles maiores y ordinarios, merinos, prevostes y a otros qualesquier mis juezes y justiçias y personas de qualquier calidad, estado, condiçión, preminençia o dignidad, que sean mis vasallos, súbditos y naturales, assí a los que aora son como a los que adelante fueren y a cada uno y qualquier dellos.

Cuando no hay dirección precisa, sino que se destina a general conocimiento, es frecuente hacerlo inmediatamente detrás de la notificación, acompañándolo a veces del tipo documental. Solo la indicaremos cuando en el documento no aparezca otra dirección específica; en el resto de los casos la incluiremos dentro de la notificación:

Notum sit ominibus tam presentibus quam futuris.

Nouerint uniuersi presens publicum instrumentum inspecturi, visuri et etiam audituri.

Sepan quantos este privilegio vieren e oyeren.

Conoscida cosa sea a todos los que la presente escriptura de iguala y contienencia, desistencia e renunciación e traspasación y transación vieren.

Sepan por esta nuestra carta de privillejo o por su traslado signado de escrivano público todos los que agora son o serán de aquí adelante.

En cuanto a los elementos que pueden formar parte de la dirección, son muy similares a los de la intitulación: pronombre, tratamiento,[29] nombre, título, dominio, profesión, cargo, vecindad...

[29] En torno a los títulos de uso preceptivo en la dirección pueden consultarse el artículo de Antonia Heredia Herrera donde transcribe la pragmática de *Tratamientos y cortesías* de 1586, el de María Amparo

3.4. SALUTACIÓN O SALUDO *(SALUTATIO)*

En ocasiones el protocolo se cierra con un saludo del autor al destinatario.

Para el latín las soluciones más habituales son *salutem* o *salut et gratia*, en castellano *salud y gracia* o *envío mucho saludar a vos.*

Los papas empleaban muy a menudo *salutem et apostolicam benedictionem;* apunta Giry que en las cartas destinadas a infieles o herejes se solía apostillar con *si obedierint.*[30] También es muy característico cerrar el protocolo pontificio con una máxima de perdurabilidad en lugar de la dirección y el saludo:

> Sixtus episcopus, servus servorum Dei, ad perpetuam rei memoriam.

En los diplomas dirigidos a otros eclesiásticos podemos encontrar:

> Vitam et perpetuam salutem, amen.
> Salutem et obsequium filiale.
> Salutem et dilectionem.
> Salut in Christo.

Nunca hay saludo tras una dirección genérica.[31]

No debe confundirse la salutación con las cláusulas de cortesía (verbigracia *Dios guarde a Vuestra Magestad como la christiandad á menester*) y de sometimiento (*beso los reales pies de Vuestra Magestad*), que veremos al final del siguiente apartado.

Moreno Trujillo acerca de un formulario utilizado en la cancillería de los Reyes Católicos, con los epítetos de las principales autoridades del reino y cortes europeas, y para la Edad Contemporánea el trabajo de David Ramírez Jiménez sobre las cartas reales de Isabel II. Antonia Heredia Herrera: «La pragmática de los "tratamientos y cortesías": fuente legal para el estudio de la diplomática moderna», *Archivo hispalense*, 176 (1974), pp. 155-161. María Amparo Moreno Trujillo: «"A vos, para quien todo bien e onrra deseamos". Un temprano documento sobre la corrección en la dirección documental cancilleresca», *Chronica Nova*, 34 (2008), pp. 317-340. David Ramírez Jiménez: «Las cartas reales y los documentos de la diplomacia española en época isabelina», en Juan Carlos Galende Díaz y Susana Cabezas Fontanilla (dirs.): *De documentación y documentos madrileños*, Madrid: Universidad Complutense de Madrid, 2012, pp. 245-307 (pp. 256 y 271).

30 Arthur Giry: *Manuel de diplomatique*, o. cit., p. 536.

31 Alberto Tamayo López-Machuca: *Archivística, diplomática y sigilografía*, o. cit., p. 86.

4. Cuerpo central del documento

Aunque el contenido básico de la mayoría de los instrumentos escritos se concreta en la disposición, que a su vez se apoya en la exposición, aún cabe distinguir dentro de este segundo gran segmento algunos otros componentes.

4.1. PREÁMBULO *(PREAMBULUM)*

Consiste en una justificación genérica sin ninguna relación con el contenido sustancial.

También se le llama *exordium, arenga, prologus* o *proemium.*

No es preceptivo y solo aparece por lo general en los diplomas más solemnes (privilegios o cartas de privilegio), aunque puede, eso sí, ser muy extenso.

Paoli[32] enumera los temas más socorridos en los preámbulos y Floriano los reproduce literalmente en su manual:[33] la Cancillería Real divaga en ellos so pretexto de los derechos y deberes del monarca, la conveniencia de premiar lealtades o el provecho público que de ello redundará; quizá habría que añadir el anhelo de dejar constancia escrita de los hechos memorables.[34] Martín Postigo ofrece buen número de ejemplos de preámbulos reales bajomedievales al estudiar las cartas de privilegio,[35] y Tamayo es el único que los trae en latín.[36]

He aquí cinco modelos tomados de los archivos de Escalona y la Real Academia de la Historia:

[32] Cesare Paoli: *Diplomatica,* o. cit., pp. 106-107.

[33] Antonio Cristino Floriano Cumbreño: *Curso general de paleografía y diplomática españolas,* o. cit., pp. 270-271.

[34] Tomás Marín Martínez y José Manuel Ruiz Asencio (dirs.): *Paleografía y diplomática,* o. cit., vol. II, p. 181.

[35] María de la Soterraña Martín Postigo: *La Cancillería de los Reyes Católicos,* o. cit., pp. 44-49.

[36] Alberto Tamayo López-Machuca: *Archivística, diplomática y sigilografía,* o. cit., p. 90.

Saluti rregum et principum principaliter dinoscitur expedire ut quanto maiori potestate et dignitate munere diuine gratie sunt ornati tanto ea que ad opera pietatis et misericordie pertinent studiosius et deuocius exequi et ecclesias et personas religiosas in quibus maxime Deus honoratus reuerencia debent et honore pariter preuenire.

Porque es natural cosa que todo omme que bien faze quiere que ge lo lieven adelante e que se non olvide nin se pierda, que comoquier que causse e mengüe el curso de la vida deste mundo, aquell[o es lo que finca en] remenbrança por él al mundo e este bien es guiador de la su alma ante Dios, e por no caer en el olvido lo mandaron los rreyes poner en escripto en los privilegios por que los reyes que rregnassen después dellos e toviessen el su logar fuessen tenudos de guardar aquello e de lo levar adelante confirmándolo por sos privilegios.

Porque todas las cosas que Dios en este mundo fizo fenesçen y han fin quanto a la vida de cada uno a su tienpo y curso sabido e non finca otra cosa que fyn non aya synon un solo Dios verdadero que nunca ovo comienço nin avrá fyn, e a su semeiança fizo e crió los ángeles, y commoquier que le plogo que oviesen comienço quiso que non oviesen fyn, y asý le plogo que todos los omes fuesen salvos por el bien que fiziesen en este mundo, por ende los rreyes se deven menbrar de aquel rregno donde han de yr a dar rrazón antel Señor Dios de los rregnos que en este mundo les encomendó, por quien rregnan y cuyo lugar tienen, y son thenudos de fazer bien y limosna por el su amor usando de caridat, espeçialmente en aquellos lugares que es serviçio de Dios y causa meritoria, y porquel bien fazer y bien obrar es rremenbrança a ellos en la presente vida e rrefrigerio a sus ánimas y guiador dellas antel Señor Dios.

Porque natural e convenible cosa es a los rrey[e]s e prínçicipes *(sic)* fazer graçias e merçedes a los sus súbditos e naturales, espeçialmente aquellos que bien e lealmente nos sirven e aman su serviçio, en lo qual han trabaio e afán e es razón que los tales rresçiban por ello galardón e sean rremunerados, e el rrey o príncipe que [la tal] merçed faze, ha de catar en ello tres cosas: la primera qué merçet es aquella que le demandan, e aquel que ge la demanda cómmo ge la meresçe o puede meresçer sy ge la feziere, la segunda qué serviçios le ha fecho por que ge la deva fazer, la tercera qué es el pro o el danno que le por ello puede venir.

Porque en todas las cosas los rreyes deben semejar a Nuestro Señor Dios todopoderoso cuyo nonbre tienen, por el qual los rreyes e los otros altos ombres hijos de Dios quando fiçieren las obras en que le parezcan, ca escrito es que de aquel es ombre fijo cuyas obras aze, e como Dios que es sobre toda natura de un pequeño sarmiento cría gran çepa e de aquella sale fruto con que es santificado e onrrado el culto dibino e aun aquel fruto es llamado sangre de Nuestro Señor Jesuchristo, berdadero Dios e berdadero Ombre, a los rreyes propia y prencipalmente perteneçe azer de nuevo solenes e altos ombres e de grandes e magníficas dignidades e estados e porque estonçes son más poderosos los rreyes e la cosa pública de sus reynos dura más quanto más nobles e maníficos e altos omes façe.

Algunas leyes actuales, como la Constitución de 1978, siguen incorporando un preámbulo:

> La nación española, deseando establecer la justicia, la libertad y la seguridad y promover el bien de cuantos la integran, en uso de su soberanía, proclama su voluntad de garantizar la convivencia democrática dentro de la Constitución y de las leyes conforme a un orden económico y social justo; consolidar un Estado de Derecho que asegure el imperio de la ley como expresión de la voluntad popular; proteger a todos los españoles y pueblos de España en el ejercicio de los derechos humanos, sus culturas y tradiciones, lenguas e instituciones; promover el progreso de la cultura y de la economía para asegurar a todos una digna calidad de vida; establecer una sociedad democrática avanzada, y colaborar en el fortalecimiento de unas relaciones pacíficas y de eficaz cooperación entre todos los pueblos de la Tierra.

Señalan Paoli y Floriano que los preámbulos vaticanos se inspiran en principios morales como las obligaciones del pontificado, la justicia o la caridad universales:[37]

> Militanti Ecclesie licet immeriti disponente dominio presidentes circa curam ecclesiarum et monasteriorum omin solercia reddimur indefessa soliciti ut iuxta debitum pastoralis officii eorum occurramus dispendiis et profectibus divina cooperante clemencia salubriter intendamus.
>
> Romani pontificis prouidentia circunspecta nonnunque per eum etiam recte concessa prout rerum et temporum qualitas exigit, declarare et corrigere et addere salubriter consueuit presertim cum illa ad augmentum christiane religionis et fidei cedere dinoscuntur.
>
> Rationi congruit et conuenit honestati ut ea que de Romani pontificis gratia processerunt licet eius superueniente obitu litere apostolice confecte non fuerint suum tamen sortiantur effectum.

El primer folio de los libros de actas del concejo de Escalona, que, según reza, se empezaron a levantar por iniciativa del alcaide de su castillo, Juan de Luján, va encabezado por esta arenga:

> Porque la memoria de los onbres es lábile e delesnable, e de todas las cossas aver memoria pertenesçe, más a las cossas divi[nas] que non a las cossas umanas e mortales, por ende, avida consyderaçión que de los ffechos antiguos que pertenessçen a la rrepública es cossa muy justa, neçessaria e rrazonable aver memoria perpetua, assý para rregir e sseguir las cossas pressentes commo para las cossas venideras, e aún por que los ssubçessores e governadores de la justiçia e rregimiento del pueblo, fablando los fechos notables escriptos, se esfuerçen a continuarlos e fa[*borrado*] e mejores ssegunt la variedad de los tienpos.

[37] Los manuales consultados carecen de cualquier preámbulo papal, estos ejemplos están tomados de la página de Internet de Monasterium y de Bonifacio Palacios Martín: *Colección diplomática medieval de la Orden de Alcántara (1157?-1494)*, vol. II (1454-1494), Madrid: Editorial Complutense, 2003, pp. 11 y 22.

4.2. NOTIFICACIÓN *(NOTIFICATIO)*

Brevísima expresión, a veces una simple forma verbal, para anunciar los motivos del autor que constituyen la exposición propiamente dicha.[38]

La notificación puede ir después del protocolo y, si la hay, de la arenga, con algún adverbio antepuesto como *igitur, ideo, itaque, idcirco, quod, quapropter…*, o, en castellano, con las locuciones ilativas *por ende, así pues…* Pero de ordinario abre directamente el diploma (documentos notificativos).

En latín las notificaciones más habituales eran *Notum sit, Notum sit ac manifestum, Sciant, Nouerint…* En romance: *Sepades, Sepan, Sabed, Bien sabedes, Bien sabedes* o *debedes saber, Queremos que sepan, Hago saber, Se hace saber, Conocida cosa sea…*

Como ya vimos, las direcciones de carácter genérico suelen ir unidas a la notificación y referirse al tipo documental.

4.3. EXPOSICIÓN *(EXPOSITIO)*

En ella se justifican, explican y argumentan las causas determinantes.[39] A diferencia del preámbulo, los motivos dados en la exposición sí tienen estrechamente que ver con el objeto del diploma.

Puede ser muy concisa:

> Por facer bien e merced; Acatando los muchos e buenos e leales e agradables serviçios que me avedes fecho e fasedes de cada día e en alguna emienda e remuneraçión de aquellos…

O tan extensa como la de esta carta de merced otorgada en 1613 por Felipe III por la que se concede el marquesado de Belmonte de Tajo a los primogénitos de los duques de Uceda:[40]

> Por hazer bien y merced a vos don Christóval Gómez de Sandoval, duque de Uceda, gentilhombre de nuestra cámara,[41] acatando los muchos, leales, grandes y señalados servicios que vos y don Francisco Gómez de Sandoval y Rojas, duque de Lerma, marqués de Denia, conde de Ampudia, vuestro padre, del nuestro Consejo de Estado, comenda-

[38] Sickel la denomina *promulgatio*. También se la ha llamado *prescriptio* y *publicatio*.

[39] La *expositio* recibe igualmente el nombre de *narratio* (Sickel, Floriano).

[40] AHN, Nobleza, Frías, caja 645, doc. 290, ff. 1-3.

[41] Lógicamente la frase «a vos don Christóval Gómez de Sandoval, duque de Uceda, gentilhombre de nuestra cámara» constituye la dirección.

SEPAN QVANTOS esta Carta de preuilegio y Confirmacion vieren como NOS DON CARLOS Segundo de este nombre por la gracia de Dios Rey de Castilla de Leon de Aragon delas

FIGURA 9. Carta de privilegio y confirmación incoada por la notificación

dor mayor de Castilla, nuestro sumiller de corps y cavallerizo mayor, ayo y mayordomo mayor del serenísimo príncipe don Philippe, mi muy charo y muy amado hijo, y todos vuestros passados havéis hecho y hacéis a nos y a los nuestros continuamente assí en nuestra Casa real como en las guerras, y señaladamente los que hizo al señor rey don Juan el segundo Diego Gómez de Sandoval, conde de Castro y adelantado mayor que fue de Castilla, vuestro legítimo abuelo, en las guerras contra los moros de Ronda, Setenil y Antequera en que recibiendo muchas heridas peleó esforzadamente y los venció cerca de Ximena, y en las que tubo siendo siendo *(sic)* capitán general del señor rey don Fernando de Aragón hasta tomar en su nombre la posesión de aquel reyno, venciendo al gobernador de Valencia y valencianos hasta hacerlos obedientes, venciendo también los yngleses que vinieron en favor del conde de Urgel en el cerco de la ciudad de Valaguer, y los leales servicios que el mismo adelantado hizo mostrándose verdadero y fidelísimo vassallo y aquietador de los tumultos y guerras civiles de Castilla, assí de los que huvo entre el dicho señor rey don Juan y los ynfantes y reyes de Aragón y Navarra nuestros progenitores, como de los que huvo entre el mismo señor rey don Juan y don Enrrique el cuarto, su hijo, siendo príncipe, y otros muchos y leales servicios que son notorios de que consta por historias y por muchos privilegios, y acatando assí mismo los que hizo don Fernando de Sandoval y Rojas, su hijo, adelantado mayor de Castilla, conde de Castro, en la batalla naval que dieron los señores reyes don Alonso de Aragón y don Juan de Navarra contra los ginoveses, y a los que hizo al dicho señor rey don Enrrique el cuarto en las guerras contra los moros de Granada, y también los servicios que hizo don Diego Gómez de Sandoval y Rojas, su nieto, vuestro quarto abuelo, conde de Castro, a los señores Reyes Cathólicos don Fernando y doña Ysabel, mis revisabuelos, assí en la successión destos reynos como en la possessión y pacificación dellos, trayendo a su costa mucha gente de infantería y cavallo de sus vassallos y criados, y a los que hizo contra los moros en la batalla de Málaga, por los cuales y otros muchos servicios, aviéndole confirmado el título de conde de Castro le dieron también el de conde de Lerma y después el de marqués de Denia, y acatando assí mismo los servicios de don Bernardo de Sandoval y Rojas, marqués de Denia, su hijo, vuestro revisabuelo, mayordomo mayor que fue del dicho señor rey don Fernando a quien desde su niñez sirvió y acompañó sin apartarse de su persona en tiempo de paz y guerra y en la salida destos reynos a Nápoles y vuelta a ellos hasta que murió y que solo él de los grandes de Castilla acompañó y llevó su cuerpo a enterrar a su real capilla de Granada, y los que después hizo a la señora reyna doña Juana, mi visabuela, siendo su mayordomo mayor y governador de su real Casa, y al emperador don Carlos, mi abuelo, en las ocasiones de aquellos tiempos, siendo de su Consejo, y teniendo assí mismo atención a los servicios que don Luis de Rojas y Sandoval su hijo, vuestro visabuelo, le hizo, aviendo succedido en el mismo officio de mayordomo mayor y gobernador de la Casa de la dicha señora reyna doña Juana, los cuales continuó don Francisco de Sandoval y Rojas, marqués de Denia, vuestro abuelo, en tiempo del rey mi señor que sancta gloria aya, siendo gentil-hombre de su cámara, aviéndolo sido primero de la del sereníssimo príncipe don Carlos, mi muy charo y muy amado hermano, en cuyos brazos Su Alteza murió, y finalmente acatando los muchos, notorios, leales y particulares servicios que el dicho duque de Lerma vuestro padre hizo a Su Magestad siendo también gentilhombre de su cámara y su virrey y capitán general del reyno de Valencia y los que a mí me ha hecho y hace cada día cerca de mi real persona con continua asistencia de la suya, y a que a imitación suya desde que yo succedí en estos reynos me havéis servido de tal gentilhombre de mi cámara con particular asistencia, agrado y satisfación de mi real servicio y persona, por lo qual sois digno y merecedor de muy grandes mercedes que os hagamos assí en honor de vuestro nombre y título como en acrecentamiento de vuestros successores, y assí, en enmienda y remuneración de tan buenos y honrrados servicios y muestra de la voluntad que tenemos de favorecer, honrar y sublimar vuestro estado, Casa y mayorazgo de Uceda que con facultad nuestra havéis hecho y fundado en don Bernardo Gómez de Sandoval, vuestro hijo segundo.

En algunos tipos documentales la exposición representa la parte esencial y ocupa casi todo el texto. Es el caso de aquellos que, como las actas, dan cuenta de un trámite ya celebrado, una resolución tomada u otro hecho jurídico cumplido, o de las cartas misivas que solo tienen valor informativo y no transmiten ningún mandato.

Aunque, lógicamente, existe infinidad de exposiciones diferentes, a tenor cada una del asunto suscitado, aún cabe dilucidar algunos modelos:

Sobre todo entre los siglos X y XII, en numerosas donaciones, ventas o permutas, tanto reales como particulares, se incluye en la exposición, y a veces es su único elemento, una fórmula de espontaneidad que proclama llevarse a cabo voluntaria y libremente; la más habitual es *libenti animo et spontanea voluntate,*[42] pero también

[42] Ángel Riesco Terrero: «Tipificación y anquilosamiento de una de las principales fórmulas de espon-

nullo cogente sed propria uoluntate; mea spontanea uoluntate ac spiritu diuino; grato animo et uoluntate spontanea; de nuestras bonas voluntades; sana hi alegre he de mi buena voluntad...

En un diploma confirmatorio la copia del que va a ser ratificado se hace precisamente dentro de la exposición. Cuando así ocurra, habrá que analizar primero el instrumento principal en conjunto, y después extraer el inserto y estudiarlo como si se tratara de un texto independiente. El esquema usual de las exposiciones de este tipo, ya sea en privilegios, sobrecartas, cartas de privilegio o cartas de privilegio y confirmación, es el siguiente:[43]

a) Constancia de haberse exhibido en la cancillería el diploma a confirmar y breve descripción del mismo:

Vimos dos cartas de previlegios del señor rrey don Enrrique nuestro hermano que santa gloria aya, la una dellas firmada de su nombre e rrodado (*sic*) e señalada con su sello de plomo pendiente en filos de seda a colores e librada e rrefrendada de Diego de Arias de Ávila, su contador [e] escrivano mayor de los sus previlegios e confirmaçiones, e la otra sellada con su sello de plomo pendiente en filos de seda a colores e librada de los sus contadores mayores e otros oficiales, e ansý mismo vimos una mi carta de confirmaçión escrita en papel e firmada de mí la rreyna e sellada con mi sello de çera colorada e sobreescrita e librada de los nuestros contadores mayores en las espaldas segund por ella paresçerá.

Vi una mi carta firmada de mi nombre e sellada con mi sello de çera colorada en las espaldas e sobreescrita de los mis contadores maiores, e una mi çédula firmada de mi nombre, todo escrito en papel.

Las sobrecartas se limitan a dar fe de la preexistencia del diploma que se convalida:

Mandamos dar y dimos para vos una nuestra carta y provisión sellada con nuestro sello y librada por los del nuestro Consejo.

b) Su copia literal precedida de las frases *fecho en esta guisa, el tenor del qual es este que se sygue, del tenor siguiente* o similares.

taneidad y agrado, inserta en actos de libre voluntad y en documentos públicos y privados antiguos, medievales y modernos», en *Littera scripta in honorem profesor Lope Pascual Martínez*, vol. II, Murcia: Universidad de Murcia, 2002, pp. 875-890 (pp. 875-885).

43 Véase María de la Soterraña Martín Postigo: *La Cancillería de los Reyes Católicos*, o. cit., pp. 49-55, 76-80 y 142-143, y también: María Josefa Sanz Fuentes: «La confirmación de privilegios en la Baja Edad Media. Aportación a su estudio», *Historia, Instituciones, Documentos*, 6 (1979), pp. 341-367 (pp. 343-354)

c) Solicitud de la confirmación por parte del interesado:

> E agora por quanto [por parte] del dicho conçeio e alcaldes e alguazil, cavalleros e escuderos e omes buenos de la dicha villa dEscalona me fue suplicado e pedido por merçet que les confirmase la dicha carta de previlleio e la merçet en ella contenida e ge la mandase guardar e conplir en todo e por todo segunt que en ella se contiene.
>
> E agora por quanto por parte de vos los dichos concejos, alcaldes e alguaziles e omes buenos e vezinos e moradores de todos los lugares de los dichos honze seysmos de la dicha tierra e juredición de la dicha çibdad de Segovia me fue pedido por merçed que vos confirmase e aprovase la dicha mi carta que de suso va encorporada e la merçed en ella contenida e vos mandase dar mi carta de previlegio e confirmaçión para que vos vala e sea guardada.

En las sobrecartas que reafirman la vigencia de provisiones anteriores incumplidas o renuevan las de inminente caducidad podía redactarse así:

> Y agora apareció ante nos Gaspar de Çárate, en nonbre de la dicha villa de Escalona y del dicho Antonio de Villalva, y nos hizo rrelación diziendo que aunque la dicha nuestra provisión os avía sido notificada y la avíades ovedecido, no la avíades cunplido, dando a ella vuestras rrespuestas yndividas; suplicándonos le mandásemos dar nuestra sobrecarta con costas y mayores penas contra vos para que la guardásedes y cunpliésedes como en ella se contenía o como la nuestra merced fuese.

A continuación puede aparecer el empeño del rey en que se acate la provisión original:

> E porque nuestra merçed e voluntad es que lo contenido en la dicha nuestra carta suso encorporada se guarde e cunpla.

d) Las cartas de privilegio, no así los demás tipos confirmatorios, tras la petición aclaran sucintamente el motivo:

> Para que les sean guardadas en todo e por todo con las facultades e vínculos e firmezas e segund e por la forma e manera que en ellas y en cada una dellas se contiene e [va] declarado, así para este presente año de la data desta mi carta de previllejo commo dende en adelante en cada un año perpetuamente por juro de heredad para syenpre jamás.

e) Por último, cuando la carta de privilegio ratifica una merced pecuniaria, se hace constar el hecho de haber sido asentadas en los correspondientes libros de contaduría las escrituras a confirmar:

Porque por mis libros de merçedes de juro de heredad pareçe questán en ellos asentado el dicho mi albalá que suso ba yncorporado y la rrelaçión del dicho secretario Juan de Escobedo que en él se haze minçión, lo qual todo queda originalmente en poder de mis contadores de merçedes.

También son muy características las provisiones reales otorgadas a petición de parte, en cuya exposición se alude a la solicitud motivadora:[44]

a) Comienza generalmente indicando el nombre de la persona o institución reclamante:

Juan de Sevilla e Álvaro Guantero e Juan de Toledo, jubetero, e Françisco, tintorero, vezinos de la çibdad de Toledo.

Por quanto por parte de vos, el conçejo, justiçia, regidores, cavalleros, escuderos, oficiales e omes buenos de la çibdad de Segovia.

Por el conde don Jacobo de Egito la Menor.

Por parte de don Johán Pacheco, conde de Santo Estevan.

b) Se concreta luego la petición con encabezamientos como *me fue fecha relaçión por su petiçión diçiendo, nos fiso relaçión por su petiçión que ante nos en el nuestro Consejo presentó diciendo...* Verbigracia:

Nos fizieron relaçión por su petiçión diziendo que entre ellos e Fernand Álvares, borzeguinero, e el comendador Juan de Gárnica, en nuestro nonbre e por virtud de una nuestra carta de liçençia e facultad que para ello tenía, fizieron çierto asiento e concordia entre ellos e Juan de Camarena, esclavo, para que a costa de todos buscasen tesoros, porquel dicho negrro los sabía desencantar, e que de todo lo que se hallase diesen al dicho comendador la quinta parte para nos e el otro quinto que fuese para el monesterio de Nuestra Señora Santa María del Carmen de la dicha çibdad e lo otro repartiesen entre ellos. E que con esta convenençia e yguala, a costa de todos dis que posieron al dicho negro en la casa del dicho Fernand Álvares, que es en la chapinería de la dicha çibdad de Toledo, para que en ella se buscase çierto tesoro que dezían que en ella avía, donde estovo fasta tres semanas cavando en un sótano. E que en él fallaron çiertos alcaduzes enbetunados entre dos çemientos viejos e que en el suelo e remate dellos estava un lebrillo de barro. E el dicho negrro non dexó que se diese golpe ninguno diziendo que lo avía de desencantar primero e que para ello le dieron çiertas cosas. E que después el dicho Fernand Álvares e el dicho negrro, después

[44] Véanse Antonio Cristino Floriano Cumbreño: *Curso general de paleografía y diplomática españolas*, o. cit., pp. 529-531; María de la Soterraña Martín Postigo: *La Cancillería de los Reyes Católicos*, o. cit., pp. 118-119; Pedro Luis Lorenzo Cadarso: *El documento real en la época de los Austrias (1516-1700)*, o. cit., pp. 46-48.

de por ellos sacado lo que en ellos estava, les dixeron que non avían fallado cosa alguna e que el dicho negrro se fue luego de la dicha çibdad a esa çibdad de Córdova y que se fizo ahorrar e que conpró unas casas prinçipales en ella e doze azémilas e unos logares en la sierra de la dicha çibdad e quatrro o çinco cavallos, en que ha gastado más de quinientas mill maravedís; e de esclavo, que anda próspero por la çibdad e rico e dando e prestando a unos e a otros muchas quantías de maravedís e que es pública boz e fama por la dicha çibdad de Córdova que truxo aquello de un thesoro que falló en la dicha çibdad. E aunque él lo ha confesado muchas vezes en la dicha çibdad de Córdova segund que más largamente en un testimonio que dello ante nos presentó dis que se contiene.[45]

c) Finalmente, se solicita la intervención real:

Por ende que nos suplicava e pedía por merçed mandásemos prender el dicho negrro e secrestar los dichos bienes e fazerle sobre todo conplimiento de justiçia [o] como la nuestra merçed fuese.

d) A partir de los Reyes Católicos, lo mismo consejos que contadores mayores de Hacienda, alcaldes de Casa y Corte, audiencias y jueces comisarios comenzaron a expedir provisiones en nombre del monarca de turno. En estos casos la exposición termina dando cuenta del dictamen de tales autoridades enlazado con el consentimiento regio que encabeza ya el apartado dispositivo:[46]

Lo qual visto en el nuestro Consejo fue acordado que vosotros devíades ser llamados para ello e que devíamos mandar dar esta nuestra carta para vos en la dicha rasón, e nos tovímoslo por bien, por que vos mandamos…

E en el nuestro Consejo visto lo susodicho, por quanto vosotros devíades ser llamados e oýdos çerca dello, fue acordado que devíamos mandar dar esta nuestra carta en la dicha rasón, e nos tovímoslo por byen, por que vos mandamos…

Algunas cédulas reales y cartas de merced también responden a una petición previa, lo cual no impide que la parte expositiva adopte el mismo modelo que acabamos de ver.

Un último aviso: en ocasiones pueden aparecer en la *expositio* los verbos *mandar, ordenar, disponer…*, que dejan de ser privativos de la *dispositio* cuando aluden a órdenes anteriores que justifican las nuevas. El tiempo verbal nos dirá en estos casos si se

[45] AGS, Registro General del Sello, 1494, abril, doc. 428.

[46] Martín Postigo y Lorenzo Cadarso optan por incluir este parecer ya en la disposición. María de la Soterraña Martín Postigo: *La Cancillería de los Reyes Católicos*, o. cit., pp. 119-128. Pedro Luis Lorenzo Cadarso: *El documento real en la época de los Austrias (1516-1700)*, o. cit., p. 48.

trata de la exposición, que entonces irán en pasado, quedando para la disposición las formas de presente y el modo imperativo.[47]

4.4. DISPOSICIÓN *(DISPOSITIO)*

La disposición constituye la parte sustancial, pues recoge el propósito del diploma y la voluntad o el parecer del autor.

No es posible acudir aquí a ejemplos arquetípicos, porque prácticamente cada caso es diferente. En funcion del tenor documental, el verbo dispositivo puede expresar un mandato *(statuimus, praecepimus, iubemus, mandamus, disponemos, mandamos, ordenamos...)*, una prohibición *(prohibemus, defendemos...)*, una merced *(donamus, damus, concedemus, donamos, hacemos merced, damos, concedemos...)*, la ratificación de un diploma anterior *(confirmamus, confirmamos)*, el pronunciamiento de una sentencia *(fallamos)*, la celebración de un determinado contrato *(vendemus, permutamus, vendemos, arrendamos, damos en censo...)* o la mera apetencia del autor *(tenemos por bien, es nuestra merced e voluntad...)*.

En las disposiciones del soberano el verbo lo mismo puede ir en singular que en plural mayestático:

> Fágovos mi duque de la vuestra villa de Alburquerque, el qual dicho nonbre de duque quiere deçir aparçero del rrey e caudillo de sus gentes, e quiero e es mi merçed e deliberada voluntad que agora e de aquí adelante para siempre iamás, vos e los que de vos binieren, suçesibamente uno en pos de otro, e ovieren e heredaren de vos o dellos la dicha vuestra villa de Alburquerque por título de mayorazgo o por otro qualquier título oneroso o lucratibo o en otra qualquier manera, vos llamedes e quiero que seáys llamados e vos yo llamo desde agora para entonçes e destonçes para agora duque de la dicha vuestra villa de Alburquerque, e vos sean ynpuestas e podades traer e traygades las ynsíneas e las otras cosas que pertenesçen a la duçial diadema, e ayades e goçedes e vos sean guardadas todas las onrras e preminençias e nobleças e las otras cosas e cada una dellas que son e fueron e devieron ser guardadas a los otros duques que fasta aquí á abido e ay en España, ca yo desde agora vos tomo e rresibo a vos e a los dichos vuestros herederos e suçesores por mis duques e aparçeros e caudillos de mi hueste (Enrique IV a Beltrán de la Cueva).
>
> Mandamos a vos Iohán de Lerma e Rodrigo de Lerma, arrendadores de las alcavalas del viento de la dicha villa este presente anno de la fecha deste nuestro libramiento, que de los maravedís que devedes de la dicha rrenta del terçio primero e segundo, dedes e paguedes a Iohán de Nava, mayordomo del maestre de Santiago nuestro sennor, que los ha de aver por

[47] Aunque en las conjugaciones primera y tercera la primera persona de plural es igual en el presente de indicativo que en el pretérito indefinido *(mandamos, prohibimos)*, el contexto casi siempre nos resolverá el equívoco.

libramiento de su sennoría, veynte e tres mill e quatroçientos e treynta e tres maravedís e dos cornados (los alcaldes y regidores de Escalona a los arrendadores de las alcabalas del viento de 1474).

Dámosvos e fasémosvos merçet de la nuestra villa de Coriel con el castiello, con sus aldeas e términos e prados e pastos e defesas e aguas corrientes e estantes e con la iustiçia çevil e creminal e con el mero e misto inperio e con todas las otras cosas que nos pertenesçen en la dicha villa e en sus aldeas e términos (Juan I a Diego López de Estúñiga).

Como acabamos de ver en el último ejemplo, es muy corriente la redundancia de encadenar verbos sinónimos:

Conosco e otorgo que do por cambio e en nonbre de cambio e troque....

Prometemos e seguramos e damos nuestra fe e palabra real....

Tenemos por bien y es nuestra voluntad que aora y de aquí adelante os podáys llamar e intitular y os llaméis e intituléis y os hazemos e intitulamos marqués de la villa de Velmonte....

Respondemos y hordenamos y mandamos que en todos y qualesquier contrabtos que se fisieren entre christiano e judío e judía e moro o mora...

En ocasiones se disponen distintas órdenes en serie:

Vos mandamos que doquier e en qualquier logar que al dicho Juan Martines de Çumaya pudierdes aver, le prendades el cuerpo, e así preso, llamadas e oýdas las partes a quien atañe, fagades e administredes sobre ello todo conplimiento de justiçia al dicho adelantado e Andrea de Caçana por manera que la ellos ayan e alcançen e por defeto della non tengan cabsa ni rasón de se benir ni enbiar más a quexar sobrello ante nos. E otrosí le secrestéis todos sus bienes muebles e raýzes e los pongáys en secrestaçión e de manifiesto en poder de buenas personas llanas e abonadas, por ynbentario e ante escrivano público, para que los tengan en la dicha secrestaçión e non acudan con ellos a persona alguna sin nuestra liçençia e esp[eçial] mandado.

También es normal dar entrada a la disposición con alguna partícula o locución ilativa como nexo con la exposición o el consentimiento real precedentes: *igitur, idcirco, quapropter, ea propter, ergo, por ende, por que,*[48] *por lo cual... :*

[48] Ese *por que* equivale a *por lo tanto* y hay manuales que expreamente advierten de que hay que escribirlo separado (Alberto Tamayo López-Machuca: *Archivística, diplomática y sigilografía,* o. cit., p. 91; Real Academia Española: *Diccionario panhispánico de dudas,* Madrid: Real Academia Española, 2005, p. 513).

Yo conpré de los devotos e onestos rreligiosos el prior e frayres e convento del monesterio de Sant Gerónimo el Real çerca desta villa de Madrid, las casas prinçipales que fueron de Pedro Ferrandes de Lorca que son en esta dicha villa de Madrid a la collaçión de Sant Nicolás, con otros tres pares de casas que son çerca dellas, de las quales ellos me dieron e entregaron la posesión e poder e facultad para las entrar e tomar e aprehender e ocupar. *[Disposición:]* Por ende yo vos mando que en mi nonbre tomedes luego tomedes *(sic)* la posesión de los dichos quatro pares de casas e las tengades por mí e en mi nombre.

Sepades que Juan de Moya, vezino de la villa de Moguer, nos fiso relaçión por su petiçión que ante nos en el nuestro Consejo presentó, disiendo que al tienpo que por nuestro mandado se fiso el armada para la Guinea asentó con el doctor de Lillo, nuestro chançiller e del nuestro Consejo e corregidor de Córdova, que por estonçes tenía nuestro poder para faser la dicha armada, que oviese de yr allá con una caravela suya so la capitanía de Charles de Valera que a la sasón hera e yva por capitán maior, donde dis que ovo dos esclavos moros blancos de Arçila de rescate, los quales dis que él conpró así del dicho Charles como de otros que en ellos tenían parte, e así conprados e tenidos por suyos e como suyos los llevó a su casa a la dicha villa de Palos. E que teniéndolos así, ovieron sus parientes de tratar con él de ge los rescatar e que él se convino e ygualó por çient mill maravedís e un cavallo aunque dis que valían más. E que estando así en espera de los çient mill maravedís dis que por vuestro mandado le fueron tomados los dichos dos moros por fuerça e contra su voluntad e que por él ser vezino desa dicha villa al dicho tienpo non pudo alcançar conplimiento de justiçia, a causa de lo qual dis que él se ovo de yr a bevir e morar a la villa de Moguer. E como quiera que por su parte muchas veses avéys seýdo requeridos que le dedes e entreguedes los dichos dos moros o le pagásedes el dicho rescate por que estavan ygualados, que lo non avéys querido nin queredes faser sin contienda de juysio, en lo qual si así oviese de pasar dis que él resçebiría grand agravio e daño. E nos suplicó e pidió por merçed que çerca dello le proveyésemos de remedio con justiçia o como la nuestra merçed fuese, e nos tovímoslo por bien. *[Disposición:]* Por que vos mandamos que tornéis e restituyades al dicho Juan de Moya los dichos dos moros...

En los privilegios, cartas de privilegio y cartas de privilegio y confirmación, la disposición va encabezada por una segunda intitulación, habitualmente más sencilla que la primera (prescinde de enumerar los dominios y añade por lo general el adjetivo *sobredicho*), y de una breve motivación (exposición) que suele repetir el nombre del destinatario (dirección) y declarar el ánimo de favorecerlo; en tales casos no es necesario volver a extractar estos apartados en el análisis diplomático. Es normal también que esta disposición contenga el plácet real *(tovímoslo por bien; tóvelo por bien; tenémoslo por bien; téngolo por bien)*,[49] precediendo en su caso a la ratificación:[50]

49 Martín Postigo y Lorenzo Cadarso consideran con acierto este plácet dentro de la disposición (María de la Soterraña Martín Postigo: *La Cancillería de los Reyes Católicos*, o. cit., pp. 56 y 80-81; Pedro Luis Lorenzo Cadarso: *El documento real en la época de los Austrias (1516-1700)*, o. cit., p. 41), aunque el verbo vaya en pasado, porque expresa la decisión del monarca al respecto.

50 María de la Soterraña Martín Postigo: *La Cancillería de los Reyes Católicos*, o. cit., pp. 55-57 y 80-82;

> E nos el sobredicho rrey don Carlos segundo por hazer vien y merçed a vos los dichos conçejos, alcaldes, rregidores y hombres buenos del dicho valle de Ezcaray, Ojacastro, Zurraquín y Valgañón, y su tierra, que son en el dicho valle, tuvímoslo por vien y por la presente os confirmamos y aprovamos la dicha carta de previlegio y confirmazión susso incorporada y la merced en ella contenida, e mandamos que vos vala y sea guardada en todo y por todo como en ella se contiene, sí y según que vos valió e fue guardada en tiempo de los cathólicos rreyes don Phelipe segundo, terçero y quarto, nuestros señores abuelo, bissabuelo y padre que sancta gloria ayan, y en el nuestro hasta aquí.

Ese consentimiento regio es propio asimismo de la disposición de provisiones reales y sobrecartas.

Como de su concepto se desprende, en las peticiones la *dispositio* no tiene carácter conminatorio ni ejecutivo, sino de ruego, encabezado de costumbre por los verbos *pido* o *suplico,* y se denomina por ello *disposición peticionaria.*[51] Ejemplos:

> Por que suplico se sirva de mandar que se consulte el dicho ofiçio.
> Pido y suplico manden haçerme merçed de que se me satisfaga mi solicitud.
> Ansí mismo suplico me manden dar sytio para él conforme a las dichas hordenanças.

Algo similar ocurre en aquellas misivas que, aun transmitiendo una orden, prescinden del tono imperativo:

> Vos rrogamos que, guardando la buena paz e amistad que entre vos e nos e nuestros rreygnos e los vuestros está asentada, mandedes a la dicha çibdad de Brujas que dé e pague al dicho Martín Ruys d'Erçilla o a quien su poder oviere los dichos dos mill e trezientos ducados de oro que aý le venieron de dapño e pérdida por cabsa de lo susodicho, e le mandéys faser sobre todo conplimiento de justiçia commo nos mandaríamos faser en semejante caso a vuestros súbditos e naturales seyendo por vos rrequeridos.
>
> Os rogamos y encargamos quanto podemos que vos, como tan celoso de nuestro servicio y bien público de estos reynos, al amparo y conservación de los quales conviene por quanto sabéis tener la guerra fuera de ellos, nos prestéis la más cantidad que pudiéredes o la que os scrivirá de nuestra parte la serenísima princessa de Portugal, nuestra muy chara y muy amada hermana, que yo embío también a mandar que se os consigne en parte çierta y segura y de donde lo podáis cobrar dentro en el más breve término que ser pudiere, que nos haréis en ello muy açepto plazer y servicio.[52]

María Josefa Sanz Fuentes: «La confirmación de privilegios en la Baja Edad Media. Aportación a su estudio», o. cit., pp. 345-352.

[51] Lorenzo Cadarso la llama simplemente *petitio* o petición. Pedro Luis Lorenzo Cadarso: *El documento real en la época de los Austrias (1516-1700)*, o. cit., p. 75.

[52] Misivas enviadas en 1487 al rey de Romanos, Maximiliano I de Habsburgo, por los Reyes Católicos, y

4.5. SANCIÓN Y CORROBORACIÓN *(SANCTIO ET CORROBORATIO)*

En muchos documentos aparecen al final del cuerpo central determinadas cláusulas destinadas a garantizar su ejecución (sancionativas) o bien a poner de manifiesto cómo se han observado las formalidades necesarias para imposibilitar cualquier eventual tacha de nulidad (corroborativas).[53]

Iremos viendo primero los principales tipos de cláusulas sancionativas para pasar después a las corroborativas reservando un último apartado para las de cortesía y sometimiento.

4.5.1. Cláusulas sancionativas de cumplimiento

A pesar de hallarse en muchos tipos documentales cancillerescos (cartas de privilegio, cartas de privilegio y confirmación, provisiones, sobrecartas, cartas de merced…), son totalmente ajenas a manuales tan conocidos como el de Floriano[54] o el de Ruiz Asencio y Marín Martínez.[55]

Mediante la cláusula de cumplimiento se ordena al escribano encargado de notificar el asunto a su destinatario que saque fe del acto y la remita a la cancillería:

> E de cómmo esta nuestra carta vos fuere notificada e la cunplierdes, mandamos a qualquier escrivano público que para esto fuere llamado que dé ende al que vos la mostrare testimonio sygnado con su sygno por que[56] nos sepamos en cómo se cunple nuestro mandado.
>
> Mandamos a qualquier escrivano público que para esto fuere llamado que dé ende al que vos la mostrare testimonio synado con su syno por que nos sepamos cómmo se cunple nuestro mandado.

Se trata, pues, de un procedimiento similar al actual acuse de recibo.

---

en 1557 al conde de Ureña, Juan Téllez Girón, por Felipe II desde Londres (AGI, Registro general del sello, 1487, agosto, doc. 367; AHN, Nobleza, Osuna, caja 8, doc. 48).

[53] Aun siendo esta la nomenclatura usual, el profesor Tamayo (*Archivística, diplomática y sigilografía*, o. cit., pp. 92-96) prefiere dividirlas en cláusulas de contenido (garantes del cumplimiento de la disposición: preceptivas, de la corona, de no exención tributaria, reservativas, derogativas, corroborativas e inhibitorias) y tipológicas (características de determinados tipos documentales: prohibitivas, penales, de emplazamiento, de cumplimiento y de devolución; también pueden asignarse a este grupo las corroborativas en las cartas reales).

[54] Antonio Cristino Floriano Cumbreño: *Curso general de paleografía y diplomática españolas*, o. cit., pp. 272-274.

[55] Tomás Marín Martínez y José M. Ruiz Asencio (dirs.): *Paleografía y diplomática*, o. cit., vol. II, pp. 183-185.

[56] A propósito de este otro *por que* con valor final, escrito separado y que ya nos ha salido alguna vez, véase el breve y clarificador artículo del diccionario de María Moliner bajo la entrada *porque*.

Resultado de esta obligación es, en ocasiones, un acta redactada al dorso del diploma original por el pertinente escribano, donde consta el aviso o lectura textual al destinatario y su respuesta:

> *(Cruz)* En la villa d'Escalona, diezesiete días del mes de otubre de mill y seisçientos y diez y séis años, yo el escrivano yusoescrito, de pedimiento de Alonso de Rrobledo, vesino de esta villa, en nonbre de Juan de Salzedo, leý e notifiqué la rreal provisión de Su Magestad atrás contenida a los señores don Diego Lucas de Bellosillo y Juan Garçía, alcaldes hordinarios en esta villa, los quales, aviéndola bisto, la tomaron en sus manos, besaron y pusieron sobre su caveza como a carta e provisión de Su Magestad y dixeron estar prestos de hazer y cunplir lo que por ella Su Magestad manda; y en quanto a el desenbargo de bienes, constándoles de los que estubieren enbargados y dándose la fianza contenida en ella, harán lo que Su Magestad manda. Y esto dieron por rrespuesta, de que doy fee. Luis de San Martín *(rúbrica)*.[57]

4.5.2. Cláusulas sancionativas derogativas

Se utilizan para dejar sin efecto leyes, normas o disposiciones que contradigan o puedan oponerse a lo dispuesto.

Un modelo habitual de esta cláusula en la cancillería pontificia fue:

> Non obstantibus praemissis ac constitutionibus et ordinationibus appostolicis aeceterisque contrarii quibuscumque.

En la oficina real la derogación lo mismo puede ser general de toda ley presente o futura, que afectar solo a una disposición concreta:

> Non enbargante qualesquier leyes e fueros e derechos e hordenamientos e premáticas sençiones de nuestros reynos e qualesquier previlleios e costituyçiones antiguas e derechos comunes, así canónicos como çeviles, e cartas e rescritos e previlleios e otras qualesquier cosas de fecho e de derecho de qualquier natura, vigor, efecto, calidad e misterio que contra lo susodicho sean o ser puedan aunque lo tal o qualquier cosa dello sea general o espeçialmente fecho e otorgado e conçeso fasta aquí, así por los reyes nuestros predeçesores, en Cortes a petiçión de los procuradores de las çibdades e vyllas de nuestros reynos, como por nos fasta aquí, o se fisieren de aquí adelante en qualquier manera.
>
> Non enbargante la ley e premática sansión fecha por el dicho señor rrey don Juan, nuestro padre, a pedimiento de los procuradores de las çibdades e villas de sus rreynos en las Cortes de Valladolid el año que pasó de mill e quatroçientos e quarenta e dos años en la

[57] AME, Hacienda, Contabilidad, Miscelánea, libro único, f. 502v.

qual se contiene que non puedan ser dadas nin enaienadas las villas e lugares de sus rreynos nin sus tierras.

No es raro dejar constancia de la vigencia y validez de las normas afectadas para todo lo que no haga al caso:[58]

> No envargante qualesquier leyes y premágticas destos mis reynos y qualesquier previllegios y cosas que lo prohivan, que para lo que a esto toca lo derogo y do por ninguno, quedando en su fuerça y vigor para en lo demás.

Las cláusulas derogativas no son exclusivas de la Cancillería Real y, así, podemos encontrarlas por ejemplo en los testamentos:

> E reboco, caso e anulo e doy por ninguno e de ningún valor e efeto todos e qualquier e qualesquier testamento o testamentos, mandas, codiçilos que fasta el día de oy tengo fechos e ordenados (en la última voluntad otorgada en 1505 por el adelantado Pedro Hurtado de Mendoza).

4.5.3. Cláusulas sancionativas de emplazamiento

Establecen un término dentro del cual los infractores han de presentarse en la corte a explicar las razones del quebrantamiento.

Un par de ejemplos habituales:

> E demás por qualquier o qualesquier por quien fincare de lo así fazer e cumplir, mando al omme que les esta nuestra carta mostrare o el traslado della autorizado en manera que faga fe, que los emplaze que parescan ante nos en la nuestra Corte doquier que nos seamos, del día que los emplazare a quinze días primeros siguientes so la dicha pena a cada uno a dezir por quál rrazón non cunplen nuestro mandado.
>
> E demás mando al omme que les esta mi carta mostrare, que los enplase que parescan ante mí en la mi Corte doquier que yo sea, del día que los enplasare fasta quinse días primeros siguientes, los conçejos por sus pagadores e las otras personas singulares personalmente, a desir por quál rasón non cunplen mi mandado.

En algunas provisiones reales (compulsorias, requerimientos…) aparece, tras las cláusulas prohibitiva y penal, una fórmula más larga:

[58] Alberto Tamayo López-Machuca: *Archivística, diplomática y sigilografía*, o. cit., p. 93.

Pero si contra esto que dicho es alguna rasón tenedes por que lo non devades así faser e conplir, por quanto vosotros soys, conçejos e todos unos e los alcaldes, partes en el fecho, e porque lo susodicho es sobre merçedes fechas por nos e por los reyes nuestros anteçesores, por lo qual a nos pertenesçe dello oýr e conosçer, por ende nos vos mandamos que del día que con esta nuestra carta fuéredes requeridos en vuestros conçejos si pudiéredes ser avidos juntos e si non ante un alcalde e dos regidores desa dicha villa por manera que venga a vuestra notiçia e dello non podades pretender ynorançia, fasta treynta días primeros siguientes, los quales vos damos e asinamos por tres plasos, dándovos e asinándovos los veynte días primeros por primer plaso e los otros çinco días segundos por segundo plaso e los otros çinco días terçeros por terçero plaso e término perentorio, acabado vengades e parescades ante nos por vuestro procurador sufiçiente con vuestro poder bastante, bien ynstruto e ynformado çerca de lo susodicho, a responder e alegar çerca dello en guarda de vuestro derecho todo lo que responder e alegar quesiéredes, e a poner vuestras esebçiones e defensiones si las por vos avedes, e a presentar e ver presentar, jurar e conoscer los testigos e ynstrumentos e provanças, e pedir e ver e oýr faser publicaçión dellos, e convenyr e çerrar rasones, e a oýr e ser presente a todos los abtos del pleyto, prinçipales, açesorios, anexos e conexos, dependientes e emergentes, subçesive uno en pos de otro fasta la sentençia definitiva ynclusive, para la qual oýr e para tasaçión de costas si las ý oviere e para todos los abtos de pleyto a que de derecho devades ser llamados e que espeçial çitaçión se requiera, vos çitamos e llamamos e ponemos plaso perentoriamente por esta nuestra carta con aperçebimiento que vos fasemos que si paresçiéredes, los del nuestro Consejo vos oyrán con el dicho Men Rodrigues de Çúñiga en todo lo que desir e alegar quesiéredes en guarda de vuestro derecho; en otra manera, en vuestra absençia e rebeldía non enbargante, aviéndola por presençia, oyrán al dicho Men Rodrigues de Çúñiga en todo lo que desir e alegar quesiere en guarda de su derecho, e sobre todo librarán e determinarán lo que la nuestra merçed fuere e se fallare por fuero e por derecho sin vos más çitar nin llamar nin atender sobrello.

Pero si contra esto que dicho es, alguna cosa quesiéredes desir e alegar en guarda de vuestro derecho por que lo así non devades faser e conplir, por quanto el dicho Juan de Valençia dise que vos bevís en la villa de Torralva e que soys alcalde e que allá non podría alcançar conplimiento de justiçia, por lo qual a nos perteneçe dello conoçer, por esta nuestra carta vos mandamos que del día que vos fuere leýda e notificada en vuestra presençia si pudiere ser avida, si no ante las puertas de las casas de vuestra morada fasiéndolo saber a vuestra muger e fijos que vos lo digan e fagan saber en manera que venga a vuestra notiçia e dello non podades pretender ynorançia, fasta veynte días primeros siguientes parescades ante nos a lo desir e alegar, con aperçebimiento que vos fasemos que si non pareçiéredes oyremos al dicho Juan de Valençia e a su procurador en su nonbre en todo lo que desir e alegar quesiere, y en vuestra absençia e rebeldía librarán e determinarán lo que la nuestra merçed fuese e se fallare por derecho sin vos más atender sobrello.[59]

[59] AGS, Registro General del Sello, 1485, febrero, docs. 135 y 191.

En las cartas de emplazamiento, que en diplomática también son provisiones, aparecen conceptos muy afines, pero constituyendo la propia disposición y no una simple cláusula:

> E nos tovímoslo por bien, por que vos mandamos que del día que vos esta nuestra carta fuere notificada en vuestra persona si pudierdes ser avido, si no ante las puertas de las casas donde más continuamente morades fasiéndolo saber a vuestra muger e fijos si los avedes, si no a vuestros omes e criados e vezinos más çercanos para que vos lo digan e fagan saber en manera que venga a vuestra notiçia e dello non podades pretender ynorançia, fasta treynta días primeros seguientes, los quales vos damos e asignamos por tres plasos, dándovos los veynte días primeros por el primero plaso e los otros çinco días por el segundo plaso e los otros çinco días por el terçero plaso e término perentorio, acabado vengades e parescades ante nos en el nuestro Consejo en seguimiento de la dicha apelaçión e suplicaçión por vos o por vuestro procurador sufiçiente con vuestro poder bastante, bien ynstruto e informado çerca de lo susodicho, a responder e alegar çerca dello en guarda de vuestro derecho todo lo que responder e alegar quesierdes e a poner vuestras exebçiones e defensiones si las por vos avedes, e a presentar e ver presentar, jurar e conosçer los testigos e provanças, e pedir e ver e oýr faser publicaçión dellas, e a concluyr e çerrar rasones, e oýr e ser presente a todos los abtos del pleito prinçipales, açesorios, anexos e conexos, dependientes e emergentes, subçesive uno en pos de otro fasta la sentençia definitiva ynclusive; para la qual oýr e para tasaçión de costas si las ý oviere e para todos los otros abtos del dicho pleito a que de derecho devedes ser llamado e que espeçial çitaçión se requiera, vos çitamos e llamamos e ponemos plaso perentoriamente por esta nuestra carta con aperçebimiento que vos fasemos que si paresçierdes, los del nuestro Consejo vos oyrán en lo que desir e alegar quesierdes en guarda de vuestro [derecho]; en otra manera en vuestra absençia e rebeldía non enbargante, aviéndola por presençia oyrán a la parte de la dicha villa de Molina en lo que desir e allegar quesiere en guarda de su derecho, e sobre todo librarán e determinarán lo que la nuestra merçed fuere e se fallare por derecho sin vos más çitar nin llamar nin hatender sobrello.[60]

4.5.4. Cláusulas sancionativas obligatorias

Son peculiares de los contratos (compraventas, arrendamientos, censos, permutas…) y las donaciones.

Por ellas las partes intervinientes afianzan su compromiso de respetar lo estipulado. La obligación puede concretarse de dos formas: mediante juramento o, a partir del siglo XIII, aventurando los propios bienes.[61]

[60] AGS, Registro General del Sello, 1484, octubre, doc. 65.

[61] Floriano considera que son dos tipos de cláusulas diferentes: las de promesa (el juramento) y las de obligación (restringidas a la salvaguarda mediante la persona y sus bienes).

El juramento se hace por Dios, la Virgen, una cruz que a veces llega a dibujarse, o más solemnemente ante un ejemplar de los Evangelios:

E juro sobre los Santos Evangelios ante mí puestos y por mí corporalmente tannidos, de nunca venir contra ella y de la non rrevocar en parte ni en todo en alguna manera.

E por que todo esto que dicho es en razón de la dicha donación sea más firme, yo el dicho conde iuro y prometo a Dios y a Santa María y a esta sennal de cruz (*cruz*) en que corporalmiente pongo la mano, de mantener y complir y guardar y aver por firme y por estable en todo tienpo todo quanto en esta carta se contiene y de non yr contra ello nin contra parte dello por mí nin por otro alguno en algún tienpo nin en alguna manera.

E por quanto yo so mayor de catorze annos e menor de veynte e çinco, iuro por Dios e por la crus e por los Santos Evangelios con mi mano tannidos, que agora e en todo tienpo avré por firme e por estable esta donaçión que vos yo fago del dicho logar de Pesquera con todo lo que dicho es, e que contra ella non verrné nin consintiré venir por algunt derecho nin rasón, antes curaré e procuraré con efecto que sea firme e valedero para sienpre todo lo en esta carta contenido.

Los reyes suelen añadir la garantía de su palabra:

E seguramos e prometemos por nuestra fee e palabra real de lo guardar e conplir asý, e de lo non revocar ni yr nin venir contra ello ni contra parte dello en tienpo alguno que sea ni por alguna manera.

E seguro e prometo por mi palabra e por mi fe real e juro a Dios y a Santa María e a esta señal de cruz (*cruz*) e a las palabras de los Santos Evangelios corporalmente con mis manos tannidos, de lo guardar e complir e mandar guardar e complir en todo e por todo realmente e con efecto segund e por la forma e manera que en esta mi carta se contiene.

El juramento también puede constituir por sí mismo íntegramente la disposición:

Sepan quantos la presente carta de pleyto omenaje vieren cómo yo don Pero Laso de la Vega e de Guzmán, señor de las villas de Cuerva e Batres e Los Arcos, allcaide e tenedor de las fortalezas de las çibdades de Gibraltar e Xerez de la Frontera e Vera, que es en el reyno de Granada, digo que reconosçiendo ser a ello obligado e ser útile e provechoso e conviniente a estos reynos e por mayor seguridad de la subçesión dellos, juro al muy alto e muy exçelente señor príncipe don Carlos, archiduque de Austria, duque de Borgoña, hijo primogénito heredero de la muy alta e muy poderosa reyna doña Juana, nuestra señora, que le he tenido y tengo y terné, agora e de aquí adelante, por prínçipe primogénito heredero e legítimo subçesor destos reynos de Castilla, de León, de Granada, etcétera.[62]

[62] AGS, Patronato Real, Juramentos y pleito-homenajes, caja 7, doc. 204.

Y si el compromiso se materializa respaldándolo con las propiedades:

> E para lo ansý tener e guardar e conplir e pagar obligo a ello a mí mesmo e a todos mis bienes ansý muebles commo rraýses, avidos e por aver, doquier que los yo aya e tenga.
>
> E para lo ansý cunplir e atener yo la dicha doña María me obligo e todos mis bienes muebles e rraýses, ganados e por ganar.
>
> Para lo qual obligo a mí e a mis successores e a mis bienes así mayoradgos como partibles.

4.5.5. Cláusulas sancionativas penales

Señalan para los infractores diferentes correctivos:

a) Las más antiguas fijaban penas espirituales[63] y se circunscribían al ámbito eclesiástico; tras difundirse al civil, fueron desapareciendo a partir del siglo XII. Conminaban a los desobedientes con las más rebuscadas desgracias, maldiciéndolos[64] o amenazándolos con la excomunión o el infierno confundidos con Judas u otros impenitentes pecadores bíblicos o de la Antigüedad:

> Si quis autem de mea gente vel de aliena hanc cartam et hoc meum factum infringere voluerit, sit maledictus et cum Iuda traditore in inferno dampnatus.

[63] Quizá por su tinte anecdótico se trata sin duda de las más estudiadas. Juan Beneyto repasó los textos visigodos en busca de las menciones a Judas, Datán y Abirón (Juan Beneyto Pérez: «Sobre las fórmulas visigodas Judas, Datán y Abirón», *Boletín de la Real Academia de la Historia*, 101 (1932), pp. 191-197). Hilda Grassotti en un artículo sobre la ira regia centrado sobre todo en su significado histórico y los castigos que llevaba aparejados (retirada de honores, expropiación de bienes y destierro) analizó también el uso de la fórmula *iram regiam habeat* en los documentos medievales (Hilda Grassotti: «La ira regia en León y Castilla», *Cuadernos de Historia de España*, 41-42 (1965), pp. 5-135). José Mattoso se centró en los instrumentos portugueses anteriores al año 1100, prestando atención a todas las cláusulas penales y no solo a las espirituales, y revisando para ello las colecciones documentales de Floriano, la catedral de Oviedo y el monasterio de Celanova (José Mattoso: «Sanctio (875-1100)», *Revista Portuguesa de História*, 13 (1971), pp. 299-338). José Luis Martín hizo lo propio con las del monasterio leonés de Santa María de Trianos (José Luis Martín Rodríguez: «La utilidad de las fórmulas inútiles de los documentos medievales», en *Semana de Historia del Monacato Cántabro-Astur-Leonés*, Oviedo: Monasterio de San Pelayo, 1982, pp. 81-86). Para la documentación leonesa del siglo XII debe consultarse el trabajo de Encarnación Martín López («Las cláusulas penales espirituales en la documentación leonesa del siglo XII por un estudio de la *sanctio*», *Estudios Humanísticos. Geografía, Historia y Arte*, 12 (1990), pp. 111-118). Una extensa clasificación de todas las condenas espirituales presentes en los diplomas catalanes de los siglos IX al XI puede verse en el artículo de José Martínez Gázquez, José María Escolà Tuset, Nadia Petrus Pons y Daniel Ramón García: «Las fórmulas de imprecación en Cataluña en los siglos IX al XI», *Faventia*, 27-1 (2005), pp. 73-96.

[64] Floriano, al hablar de la documentación visigoda, copia algunos ejemplos: *Gyzei lepra percutiatur; Careat suis a fronte luminibus; Descendat super eum ignis eternum; Sint maledicti Dei in corde et in ore et in dentibus et in omnibus membris suis et uiuat longa tempora surdos et mutos, cecos et claudos* (Antonio Cristino Floriano Cumbreño: *Curso general de paleografía y diplomática españolas*, o. cit., p. 398).

Quicumque aliquo pacto hanc cartam disrumpere uel uiolare uoluerit in primis ira Dei descendat super eum et sit excommunicatus et ab Ecclesia catholica separatus et cum Iuda traditore in inferno damnatus.

Quicumque igitur hoc meum datum disrrumpere uoluerit sit maledictus et excomunicatus et a consorcio Dei separatus.

Si quis igitur qui hunc meam donationis infringere uel uiolare uoluerit, sit maledictus et confusus et a corpore Christi separatus, et cum Datan et Abiron[65] et Iuda, Domini traditorem, senciat penam in inferno inferiori, amen.

Si quis tamen, quo de fieri minime credimus, tam nos quam aliquis ex nostra progenie uel extranea, hanc kartulam testamenti infringere temptauerit, quisquis ille fuerit qui talia commiserit, in primis auferat Dominus memoriam illius de terra cum diabolo et angelis eius, cum Iuda Domini proditore, cum Simone Mago et Nerone[66] et Datam et Auirone, in profundum inferni luat penas in aeterna dampnatione.

Si quis sane, quod fieri non credo, immemor extremi iudicii temerator, huius facti quolibet existere voluerit, primitus a sacrosanctis Ecclesie liminibus arceatur auctoritate omnium sacerdotum anathematizandus, demum iudicio Dei sicut Datan et Abiron vivus terre hiatibus absorbeatur, lude quoque proditoris Domini subiturus sententiam vel Ananie vel Safire quos districtissima severitate in presenti etiam seculo legimus esse dampnatos.[67]

Y si alguno esta mi carta en qualquier manera o en alguna cosa la amenguare, la yra de Dios Padre todopoderoso plenariamente incurra sobre él e con Iudas, traydor de Nuestro Sennor, sufra penas infernales.

Ca aquel que lo fiziesse avríe mi yra et la de Dios.

El margen cronológico de persistencia de las cláusulas penales espirituales determina que casi todas estén en latín, entre los contados ejemplos castellanos están esos dos últimos, fechados en 1249 y 1251.[68]

b) Las cláusulas penales pecuniarias, presentes desde la Alta Edad Media, sí serán luego abundantes en romance. Consisten sobre todo en multas, ya sea por una canti-

[65] La Biblia relata cómo Coré, Datán y Abirón se rebelaron contra Moisés y en castigo se los tragó la tierra (Nm 16).

[66] Antonio Cristino Floriano Cumbreño: *Diplomática española del período astur. Estudio de las fuentes documentales del reino de Asturias (718-910)*, 2 vols., Oviedo: Diputación Provincial de Oviedo, 1949-1951, vol. I, p. 285. Simón el Mago ofreció dinero a san Pedro y a san Juan a cambio de ser investido con la capacidad de infundir el Espíritu Santo mediante la imposición de manos (Hch 8, 9-24). En cuanto a Nerón, son proverbiales sus cruentas persecuciones contra los cristianos.

[67] Cita tomada de Juan Carlos Galende Díaz: «Un sistema de validación documental: de la quirografía a las cartas partidas», *Espacio, Tiempo y Forma. Historia Medieval*, 9 (1996), pp. 347-381 (p. 374). Ananías y su mujer, Safira, murieron fulminados tras haber querido estafar a los apóstoles en la venta de un campo (Hch 5, 1-11). Sobre Judas, Datán, Abirón, Ananías y Safira en este tipo de cláusulas, véase el artículo de Pilar Díez de Revenga: «Algunas expresiones de la *sanctio* en cartas medievales», *Voces*, 2 (1991), pp. 63-72.

[68] Julio González y González: *Reinado y diplomas de Fernando III*, 3 vols., Córdoba: Caja de Ahorros de Córdoba, 1980-1986, vol. III, pp. 348 y 410.

dad fija o por el doble del daño causado, pero también pueden suponer la destitución o el embargo:[69]

Pec[tet] in cocto quingentos morabetinos.

Pectet in coto domino regi mille libras purissimi auri et istam hereditatem et istum mobilem supra nominatum duplatum in tali in meliori loco uel.

So pena de diez mill maravedís a cada uno para la mi cámara.

Que qualquier que lo fisiese pecharmía en pena mill maravedís por cada vegada que lo fisiere, e mando que le pendren por la pena.

So pena de privaçión de los ofiçios e de confiscaçión de los bienes de los que lo contrario fezieren para la mi cámara.

Ca qualquier o qualesquier que lo fezieren e contra la dicha merçet o contra alguna cosa o parte della fueren o pasaren, averán la mi yra e demás pecharme han en pena cada uno por cada begada que contra ello fueren o pasaren los dichos diez mill maravedís de la dicha pena e a vos el dicho maestre mi condestable e a los dichos vuestros herederos e subçesores e al dicho conçeio, alcaldes, alguazil, rregidores, cavalleros e escuderos e omes buenos de la dicha vuestra villa d'Escalona o a quien vuestra boz e de los dichos buestros herederos e subçesores e del dicho conçeio de la dicha vuestra villa d'Escalona toviere, todas las costas e dannos e menoscabos que por ende se vos rrecreçieren, doblados.

c) El castigo corporal más frecuente es la prisión, aunque no el único:

Insuper centum flagela extensus accipiat.

So pena de la nuestra merced y de los cuerpos.

So pena de la mi merçed e de caher por ello en mal caso e de perder los cuerpos.

d) Sí son en cambio profusas las amenazas de privación del favor real:

So pena de la mi merçed.

Unas y otras penas a menudo se yuxtaponen:

Si quis uero hanc cartam infregerit uel dim[inuerit], iram Dei omnipotentis plenarie incurrat et cum Iuda, Domini proditore, penis infernalibus subiaceat et in super rregie parti mille aureos in cauto persoluat [et] dampnum quod super hoc uobis intulerit dupplicatum restituat.

[69] Felipe Mateu y Llopis las agrupa con otras cuestiones monetarias, como precios de los bienes en compraventas y donaciones o tasas de impuestos («Las cláusulas penales pecuniarias de los *Documentos para la historia de las instituciones de León y de Castilla (siglos x-xiii)*», *Anuario de Historia del Derecho Español*, 23 (1953), pp. 579-591 [pp. 579-585]).

Si non, aquellos que lo non fiziesen, a los cuerpos et a quanto oviesen nos tornaríemos por ello.

So pena de la mi merced e de los cuerpos e de confiscación de todos sus bienes, los quales yo confisco e quiero que sean confiscados por el mesmo fecho para la mi cámara.

Dado que estas cláusulas son para sancionar a los transgresores, es corriente que aparezcan enlazadas con las prohibitivas que veremos más adelante:

E los unos nin los otros non fagades nin fagan ende ál por alguna manera so pena de la nuestra merçed e de privaçión de los oficios e confiscaçión de los bienes de los que lo contrario fisieren para la nuestra cámara e fisco.

La pena puede afectar no solo a los obligados directos, sino también a los concernidos por las ya vistas cláusulas de cumplimiento:

Mando so la dicha pena a qualquier escrivano público que para esto fuere llamado, que dé ende al que vos la mostrare testimonio signado con su signo por que yo sepa en cómo cunplides mi mandado.

Así como por las de emplazamiento:

E demás por qualquier o qualesquier por quien fincare de lo así fazer e complir, mando al ome que les esta dicha mi carta de previllejo e confirmaçión mostrare o el traslado della autorizado en manera que faga fee, que los emplaze que parezcan ante mí en la mi Corte doquier que yo sea, del día que los emplazare fasta quinze días primeros siguientes, so la dicha pena a cada uno, a dezir por quál rrazón non cumplen mi mandado.

4.5.6. Cláusulas sancionativas preceptivas

Son órdenes a funcionarios, oficiales o autoridades civiles y eclesiásticas cuya cooperación se recaba para el buen fin de lo dispuesto.

Están, por una parte, las que se dirigen al conjunto de autoridades del reino:[70]

[70] Estos mandatos generales son los únicos que recoge Giry en su manual, denominándolos *cláusulas inyunctivas* (Arthur Giry: *Manuel de diplomatique*, o. cit., pp. 554-555), de *iniungo*, «imponer». Boüard denomina así todas las cláusulas preceptivas (como harán después Sarrablo: *Nociones de diplomática según las obras de Giry, Boüard, Muñoz Rivero, etcétera*, o. cit., p 150; Pratesi: *Genesi e forme del documento medievale*, o. cit., p. 83, y Guyotjeannin, Pycke y Tock: *Diplomatique médiévale*, o. cit., pp. 80-81), englobándolas con las prohibitivas: «[…] les clauses injonctives ou prohibitives ordonnant aux officiers, subordonnés ou sujets l'exécution d'une

Mando al prínçipe don Alonso, mi muy caro e amado hermano, e a los duques, perlados, condes, marqueses, rricosomes, maestres de las hórdenes, priores, e a los mis adelantados e merinos e a los del mi Consejo e oydores de la mi Audiençia, alcaldes e notarios e otras justiçias, oficiales qualesquier de la mi Casa e Corte e Chançillería, e a todos los conçejos, corregidores e alcaldes e alguaziles e rregidores, cavalleros, escuderos, ofiçiales e omes buenos de la dicha çibdad de Segovia e de todas las çibdades e villas e logares de los mis rreynos e señoríos, e a los comendadores e subcomendadores e alcaydes de los castillos e casas fuertes e llanas e a qualesquier mis tesoreros e rrecabdadores maiores e menores y enpadronadores e cogedores e otras personas qualesquier a quien lo susodicho atañe e atañer puede en qualquier manera, e a cada uno dellos, que guarden e fagan guardar a la dicha justiçia e rregidores e procuradores e quarentales e oficiales e omes buenos de los dichos honze seysmos de la dicha çibdad de Segovia esta mi carta de previllejo e todo lo en ella contenido e declarado, ansý este dicho año de la data desta dicha mi carta de previllejo commo dende en adelante para siempre jamás, e que les no vayan ni pasen ni consientar *(sic)* yr ni pasar contra ello ni contra alguna cosa ni parte dello, agora ni de aquí adelante en cada un año para syempre jamás.

Y encargo al sereníssimo prínçipe don Felippe, mi muy caro y muy amado hijo, y mando a los perlados, duques, marqueses, condes, ricoshombres, maestros de las órdenes, priores, comendadores y subcomendadores, alcaides de los castillos y cassas fuertes y llanas, y a los del mi Consejo real, presidentes y oidores de las mis audiençias y chançillerías, alcaldes de mi Cassa y Corte y chançillerías y a todos los asistentes, corregidores, alcaldes de sacas, governadores, merinos, prebostes, conçejos, justiçias, regidores, cavalleros, escuderos, offiçiales y hombres buenos de qualesquier çiudades, villas y lugares destos mis reynos y señoríos, assí a los que aora son como a los que serán de aquí adelante, y a cada uno y qualquier dellos en su jurisdiçión, que guarden y cumplan y hagan guardar y cumplir esta mi carta de previlegio y venta y todo lo en ella contenido, en todo y por todo según y como en ella se contiene y declara.

Y, por otra, las que solo afectan a determinados funcionarios, particularmente a los contadores mayores de Hacienda y a los oficiales de la Cancillería:

E mando a los mis contadores maiores que lo guarden e cunplan ansý de aquí adelante en todo e por todo segund que en esta mi carta se contiene e no vayan ni pasen ni consyentan yr ni pasar contra ello ni contra parte dello, e que tomen en sí el traslado desta mi carta e lo pongan e asyenten en los mis libros e vos den e tornen la original sobreescrita dellos.[71]

prescription positive ou leur signifiant une interdiction» (Alain de Boüard: *Manuel de diplomatique française et pontificale*, o. cit., vol. I, p. 279). Floriano, probablemente por una mala interpretación del texto de Boüard, agrupa como inyunctivas tanto las preceptivas como las prohibitivas: «[...] la autoridad manda u ordena la ejecución de lo dispuesto o prohíbe algo en relación con lo establecido en la disposición» (Antonio Cristino Floriano Cumbreño: *Curso general de paleografía y diplomática españolas*, o. cit., p. 272).

[71] El cumplimiento por los contadores mayores queda reflejado en un acta que se añade al final: «Asentose el traslado del previlegio y confirmación que Su Magestad á dado a la villa de Escalona, que es el

> Sobre lo qual mando al mi chançiller e al mi escrivano mayor de los mis previlegios e confirmaçiones e a todos los otros oficiales que están a la tabla de los mis sellos, que vos den e libren mi carta de previlegio, la más fuerte e firme e bastante e con todas las fuerças e firmezas que menester sean e fueren complideras, para que vos sea guardado e cumplido todo lo que dicho es.

4.5.7. Cláusulas sancionativas prohibitivas

Vetan cualquier posible acto que contravenga u obstaculice el objetivo propuesto. Como indica Tamayo, no se remiten expresamente a la parte dispositiva para detallar los posibles incumplimientos, sino que la prohibición se dicta con carácter general.[72]

Para el latín podemos encontrar fórmulas como:

> Et defendo firmiter et in cauto quod nullus faciat eis contrarium factum hoc.
> Nulli liceat episcoporum succedentium post nost et hunc nostrum factum uiolare.
> Neminem uero permittemus qui uobis ibidem disturbationem faciat nec in modico.

En castellano se resuelve casi siempre en *non fagades ende ál,* con escasas variantes:

> Non fagades nin fagan ende ál por alguna manera.
> E los unos nin los otros non fagades ende ál por alguna manera.
> E non fagáys ende ál.

Como ya hemos visto, inmediatamente después suelen colocarse las cláusulas penales.

Ese *ál,* con tilde según prescribe la Real Academia Española, es apócope del pronombre latino *alius* en acusativo neutro: *aliud,* «otra cosa». Explica Corominas que en el siglo XVI ya se consideraba anticuado, lo que concuerda con la aparición por entonces de fórmulas paralelas[73] como *Y los unos ni los otros no hagáys cosa en contrario.*

También es característico, aunque menudea menos, el verbo *defender* en su antigua acepción de «prohibir»:

---

antes desto contenido, en los libros de lo salvado de su Contaduría Mayor de Hazienda en virtud del acuerdo y mandado de los señores presidente y del Consejo y Contaduría Mayor della, que assimismo queda assentado en los dichos libros, en Valladolid a diez y siete de marzo de mill y seiscientos y seis años. Juan de Tolosa *(rúbrica).* Pedro de Bañuelos *(rúbrica)*».

[72] Alberto Tamayo López-Machuca: *Archivística, diplomática y sigilografía,* o. cit., p. 94. Ya queda advertido que Floriano incluye las prohibitivas en el grupo de las inyunctivas.

[73] Alberto Tamayo López-Machuca: *Archivística, diplomática y sigilografía,* o. cit., p. 94.

Et defendemos firmemente que ninguno non sea osado de yr nin de passar contra esta donación sobredicha que nos fazemos por este previllegio.

E defiendo firmemente que alguno nin algunos non sean osados de vos ir nin pasar contra la dicha alvalá, confirmada en la manera que dicha es, nin contra lo en ella contenido nin contra parte dello por ge lo quebrantar nin menguar en algunt tienpo por alguna manera.

E defiendo y mando firmemente que ninguno nin algunos de qualquier estado o condición, preheminencia o dignidat que sean, non sean osados por alguna rrazón nin derecho, color nin ocasión nin título, de embargar nin contrariar a vos, el dicho Álvaro de Luna, nin a buestros herederos y subcesores esta mercet y gracia y donación que vos yo fago de todo lo que dicho es, en todo nin en parte nin en alguna cosa dello, nin vos enbarguen de entrar y aver y tomar y continuar la detentación y posesión quasi posesión, y de aver el sennorío y iurisdición de las dichas villas y sus tierras y términos y adegannas y castillos y fortalezas y de todo lo otro susodicho y de cada cosa y parte dello.[74]

4.5.8. Cláusulas sancionativas de publicación

Mandan divulgar el propio diploma, y hay que decir que no están recogidas como tales en los principales manuales de diplomática. La forma más socorrida era el pregón:

E por que lo susodicho sea notorio e todos lo sepades e sepan, mandamos questa dicha nuestra carta sea pregonada públicamente por las plaças e mercados e otros lugares acostunbrados desas dichas çibdades e villas e lugares por pregonero e ante escrivano público.

Para cuyo efecto mandamos que se pregone esta nuestra çédula públicamente en la dicha villa de Velmonte y en las otras partes y lugares donde el dicho duque de Uçeda quisiere, para que venga a noticia de todos.

E mandamos a vos, las dichas justiçias, que fagáys pregonar esta dicha nuestra carta en esa dicha villa por pregón e ante escrivano público.

E que lo fagades ansí pregonar por las plaças e mercados e otros lugares acostunbrados desas dichas çibdades e villas e lugares por pregones e por ante escrivano público, por manera que todos lo sepades e ninguno dello pueda pretender inorançia.

Y por que lo susodicho sea público y notorio a todos, e ninguno de ello pueda pretender ignorancia, mandamos que esta nuestra carta sea pregonada públicamente por las plaças y mercados y otros lugares acostumbrados de esta nuestra Corte y demás ciudades, villas y lugares de estos nuestros rreynos por pregonero y ante escrivano público que de ello dé fee.

Arrumbada la vieja usanza del pregón, se echa mano de otros remedios:

[74] Ejemplos de los años 1352, 1393, 1424 y 1819 tomados respectivamente del Archivo Capitular de Toledo, Z.6.F.1.2, y la RAH, Colección Salazar, M-8, f. 172v, y O-20, ff. 8v-9.

Establecemos por último que este edicto permanezca fijado durante dos meses en las puertas del vicariato de Roma así como en las de la curia de Cracovia, y que sea publicado en la *Revista Diocesana de Roma* y en los diarios *L'Osservatore Romano* y *Avvenire.*

Publíquese esta resolución de forma extractada en el BOE, remitiéndose el oficio correspondiente.

Y que se exponga en el tablón de anuncios del ayuntamiento y se remita el anuncio de los nombramientos efectuados en los puntos primero y segundo al *Boletín Oficial de la Provincia* para su publicación.

4.5.9. Cláusulas sancionativas renunciativas

Al igual que las obligatorias, son propias de donaciones y contratos: las partes se declaran dispuestas a no acogerse a determinadas leyes o usanzas susceptibles de ser aprovechadas como motivo de nulidad.

Muchas veces el desistimiento es general:

> Nos omnes predicti renuntiamus omni iuri canonico et civili, consuetudinario ac municipali et cuilibet alterius iuris quibus possemus contra predicta in aliquo adiuvari.
>
> Y renuncio todas y qualesquier leyes y fueros y derechos y ordenamientos y usos y costumbres y estilos y fazañas que en contra sean o ser puedan de lo contenido en esta mi donación, y renuncio la ley que dize que general renunciación non vala.
>
> Sobre lo qual renunçiamos e partimos de nos e de cada uno de nos e de nuestro favor e ayuda en este caso todas las leyes, fueros e derechos, cartas e previlleios e merçedes e ordenamientos, usos e costumbres, ferias de pan e vino coger[75] que contra sean desta carta o de parte della e en espeçial renunçiamos a la ley e derecho en que dis que general renunçiaçión fecha que no vala.
>
> E sobre todo esto que dicho es renunciamos e partimos de nos e de nuestro favor e ayuda a todas las leis, fueros e derechos, canónico, ceviles e leis de Partidas e hordenamientos reales, hordenados e por hordenar, fechos e por facer.

Y he aquí otras ocasiones donde se especifican los derechos de que se hace dejación, sin que sea raro ver textos romances nombrando las leyes en latín:[76]

> E por quanto el escrivano e testigos desta carta non me vieron rresçebir los dichos maravedís, rrenunçio las leyes del derecho en rrasón de la paga: la una ley en que dise quel

[75] También eran declinables las exenciones e inmunidades concedidas a algunas ferias (Antonio Cristino Floriano Cumbreño: *Curso general de paleografía y diplomática españolas*, o. cit., p. 273).

[76] AHN, Nobleza, Osuna, cp. 181, doc. 6 (año 1379); AGS, Cámara de Castilla, Pueblos, leg. 13, doc. 52a (año 1413), y RAH, Colección Salazar, M-72, f. 58v (año 1471), M-40, f. 286v (año 1471), M-22, f. 66v (año 1472), y M-40, f. 225 (año 1473).

escrivano y testigos de la carta deven beer faser la paga en dineros contados o en otra cosa semeiant que lo bala, e la otra ley en que dise quel que fase la paga es tenudo de la provar fasta dos annos. [...] E sobre esto rrenunçio e parto de mí en esta rrasón toda ley e todo fuero e todo derecho e uso e costunbre, que me non vala nin me pueda aprovechar dello maguer derecho sea, espeçialmente mençiono la ley del enperador Valeriano que es en acorrimiento de las mugeres.

De que renunçio a toda exebçión de fraudo, enganno e de no aver avido e contado en mi poderío e reçebido los dichos çinco mill e dozientos e sesenta florines de oro de Aragón, por razón de la vendeçión de los dichos lugares, del peso e portadgo e paladas e cabeça del pecho de moros e propio de las dichas salinas, e la exebçión de non contado e por vos a mí librada la dicha pecunia ni pagada ni contada y todo error de cuenta, y toda otra ley e abçión que sobre esto por mí podría poner e alegar en iuizio o fuera dél, que me non vala. [...] Y a esto renunçio las leyes del derecho e del ordenamiento quel rey don Alfonso que Dios perdone fizo e ordenó en las Cortes de Alcalá de Henares en que se contiene que toda cosa que sea vendida o arrendada en pública almoneda rematada por menos de la mitad del iusto presçio, que non vala e que pueda ser retratada o pedido que cunpla el iusto presçio.

Renunciando como expresamente renunciamos la ley de duobus rex devendi y la abténtica presente y la epístola del dibo Adriano, en todo y por todo según que en ella y en cada una dellas se contiene.

Renuncia las leies de que contra ella se pudiesse aprovechar y el remedio de ser menor de 25 annos.

E yo la dicha donna Iuana renuncio la ley del Senatus consultus Valiano que fabla en favor e ayuda de las duennas.

Y en razón de la paga renuncio y parto de mí y de mi favor y aiuda la esepción de la innomerata pecunia, etcétera.

Las exclusiones pueden llegar a ser muy detalladas, como en este larguísimo ejemplo de la donación de Peñaranda de Bracamonte que hizo en 1488 el abad de Medina del Campo, Alfonso Rodríguez Manjón, a Juan de Bracamonte:[77]

Çerca de lo qual todo, renunçio e parto de mí e de mi ayuda la ley del fuero de las leyes que es en el título de las donaçiones e es ley dézima que dize que sy alguno diere su cosa a otro teniéndola para sý en su vida, ca después que finque aquel a quien la da, que el duenno de la cosa, que puede mudar su voluntad quando quesiere maguer que no sea en alguna culpa aquel a quien fue fecha la donaçión, porque yo consiento e me plaze que en aqueste caso no aya lugar la dispusiçión de la dicha ley ni de otros derechos comunes ni de aqueste reyno, que aquesto dispusiese, ni me quiero ayudar nin aprovechar dellos agora ni en algund tienpo, antes quiero e me plaze que aunque los alegue por mí, que non sea oýdo nin me sea resçebido en iuysio ni en fuera dél. [...] E otrosý renunçio las leyes e derechos

[77] Tomado de la copia de su confirmación por los Reyes Católicos que se conserva en AGS, Registro General del Sello, 1489, noviembre, doc. 1.

que dicen que sy aquellos a quien haze la donaçión fueren desagradesçidos e aquellos que les dan el algo, que las puedan revocar. Otrosý la ley que dize que sy los que resçiben alguna donaçión fazen tuerto o desaguisado alguno metiendo manos ayradas contra aquellos que les dan el algo, que puedan revocar la tal donaçión que les fizieren. Otrosý la ley que dize que sy el donador no entregare la carta de la donaçión que haze al donatario, que pueda revocar la donaçión. [...] Otrosý renunçio que vos non seades tenudo ni obligado de mostrar los cargos que yo de vos tengo por que vos fago esta dicha donaçión. Otrosý la ley que dize que dentro de çierto tienpo puede ser desatada la donaçión que fuera fecha por miedo, por quanto aquí no lo ovo. E que no pueda dezir que esta dicha donaçión es engannosa. E otrosý parto de mi favor e ayuda la ley del derecho que dize que el que se somete a iurediçión agena, que antes del pleyto contestado se pueda arrepentir. E asý mesmo la ley que dize que el dolo o enganno por venir que no se puede renunçiar ni remetir. E asý mesmo el derecho en que dize que el clérigo no puede obligar todos sus bienes sin liçençia de su perlado. E asý mesmo la ley que dize que ninguno no puede renunçiar el derecho que no sabe o no le conpete. De presente y generalmente renunçio todos e qualesquier derechos canónicos, çeviles, moneçipales, escritos o no escritos, e todos fueros, usos e costunbres asý mesmo escritas o no escritas, como si aquí fuesen espresadas e declaradas palabra por palabra ca, siendo como soy çerteficado dellas, las renunçio e parto de mí, e de toda merçed e carta de rey o de reyna, ganada o por ganar, asý seyendo otorgada de su propio motuo o çierta çiençia o pedida por mí o en otra qualquier manera.

4.5.10. Cláusulas sancionativas reservativas

Establecen excepciones ya sea para preservar algún derecho del actuante o para prevenir reclamaciones de terceros que pudieran verse perjudicados.

Floriano[78] y Tamayo[79] recogen unos cuantos ejemplos en latín: *Salvo iure nostro; Salvo iure alieno; Salvo in aliis iure et quolibet alieno; Salvo iure N; Salva mea fidelitate; Salva mea fidelitate et de omni mea posteritate per omnia secula seculorum...*

En las donaciones reales, en particular de señoríos, se solía conceder al beneficiario la facultad de enajenar el bien recibido, pero con alguna restricción que afectaba singularmente a los eclesiásticos:

Tanto que non podades faser nin fagades lo susodicho nin cosa alguna nin parte dello con yglesia nin monesterio nin con persona de orden nin de religión nin de fuera de mis reynos sin mi liçençia e mandado.

Salvo que no podades facer destas cosas ni ninguna dellas con ome de orden ni de religión ni de fuera de los nuestros reinos sin nuestro mandado.

[78] Antonio Cristino Floriano Cumbreño: *Curso general de paleografía y diplomática españolas*, o. cit., p. 273.

[79] Alberto Tamayo López-Machuca: *Archivística, diplomática y sigilografía*, o. cit., p. 93.

> E esto tenemos por bien que lo non podades faser con omme de orden nin de rreligión nin de fuera del nuestro sennorío sin nuestra liçençia.[80]

Limitación, asimismo, muy común en las mercedes era que el monarca retuviera para sí las regalías:

> Salvo que rretenemos para nos serviçios, monedas e alcavalas, terçias, mineras de oro e de plata e de azoge o de otro metal qualquier.
>
> Salvo de aquellas que perteneçen a dicho señor rey como a rey y sennor soberano y se non pueden apartar dél e de la su Corona.

Más ejemplos:

> Exçepto el dicho diezmo ecclesiástico de pan y vino y aceite y ganados y otros frutos y lo demás que se cogiere y criare en las dichas villas de La Cabrera y Pelegrina y sus términos y lo demás que va reservado para la dicha dignidad obispal.
>
> Exçepto en los casos que con çierta justiçia el dicho Alonso de Lugo, nuestro governador, pueda conoçer.

4.5.11. Otras cláusulas sancionativas

Ya hemos visto en un par de notas cómo Floriano subdivide las obligatorias en dos tipos, dejando a un lado los juramentos y a otro las que comprometen bienes materiales, y el diferente valor que tanto él como Giry y Pratesi dan a las que llaman *inyunctivas* en relación con las preceptivas y las prohibitivas. Tras este inciso, volvemos al título del epígrafe.

En bastantes manuales extranjeros encontramos las *cláusulas promisorias,* ajenas en cambio a los tratados españoles. Prometen una recompensa, generalmente espiritual, a quienes se atengan a lo dispuesto. Rabikauskas explica que son frecuentes en los diplomas pontificios más solemnes, pero raras en el resto de la documentación, y da una de Silvestre II del año 1001: *Qui vero custos et observator huius nostri privilegi extiterit, benedictionis gratiam et vitam aeternam a Domino consequator.*[81]

Otras citas:

[80] Los reyes prohibían que los señoríos laicos pasaran a la Iglesia para evitar que entraran en la jurisdicción eclesiástica y se beneficiaran de los privilegios y exenciones que eso conllevaba.

[81] Paulius Rabikauskas: *Diplomatica generalis (praelectionum lineamenta),* Roma: Pontificia Universidad Gregoriana, 1967, p. 27.

Qui vero custos et observator huius nostri privilegii devote et obedienter extiterit, benedictionis gratiam a beato Petro principe apostolorum et misericordiam a Deo Patre et Domino Ihesuchristo consequi mereatur (Juan XII, 962).

Qui vero pia reverentia custos et observator extiterit, perpetuam indulgentiam a Deo consequatur et apostolica benedictione in eternum perfruatur (Benedicto VIII, 1016 ó 1017).

Quicumque autem pio corde observaverit, benedictione Dei et supradictorum sanctorum locupletabitur et in eternum gaudebit (León IX, 1053).

Qui vero huius nostri privilegii conservator extiterit, cum benigno sanctorum omnium collegio euge mereator percipere (Nicolás II, 1061).

Aunque no con asiduidad, otras jerarquías eclesiásticas recurren a ellas:

Qui vero custos et observator extiterit, illum in die iudicii ad dexteram Filii Dei in gloriosa sede sue maiestatis sedentis nobiscum invitamus ad audiendam et suscipiendam beatam et desideratam vocem illius: «Venite, benedicti patris mei, percipite regnum quod vobis paratum est ab origine mundi».

Qui vero custos eius extiterit, aeternis gaudiis perfruatur et premiis cum angelis in caelestibus pociatur.

Si quis harum constitutionum observator vel adiutor extiterit, benedictionibus Dei repleatur et gratiam eiusdem gloriossisimae Dei genitricis Mariae consequator.[82]

Guyotjeannin, Pycke y Tock traen en su manual las *cláusulas de consentimiento,* que consisten en un permiso o aquiescencia dado por quien tendría derecho a oponerse, como podría ser un señor feudal sobre vasallos o bienes de su jurisdicción o un pariente afectado por una herencia:[83]

Ego Petrus Dei gratia Cesaraugustane ecclesie episcopo, cum consilio archidiaconorum nostrorum videlicet: Gaucelmi, Donati, Petri precentoris, et aliorum canonicorum illius ecclesie, dono Deo et Sancte Marie Celsone...

Notum sit cunctis hominibus tam presentibus quam futuris quod ego donna Sancia mulier qui fuit de don Galin Xemenez, cum consilio et voluntate de don Michel de Lusia et de meo neto Xemeno de Orrea, dono et concedo... [84]

[82] Los dos primeros ejemplos, fechados en 971 y 1076, están tomados de la página web francesa Telma y provienen de los obispos Gerardo de Toul y Agano de Autun. El último pertenece a la consagración el año 1100 de la iglesia de Santa María de Vilabertrán (Gerona).

[83] Olivier Guyotjeannin, Jacques Pycke y Benoît-Michel Tock: *Diplomatique médiévale,* o. cit., p. 81.

[84] AHN, Clero Secular y Regular, carpeta 3751, doc. 1, y carpeta 3752, doc. 2.

El profesor Tamayo aún menciona hasta cuatro cláusulas sancionativas más:[85]

Las *cláusulas de devolución* ordenaban al destinatario del documento restituirlo una vez enterado: *Y la carta leýda, dádgela.*

Las dos siguientes, que suelen encontrarse en provisiones, albalaes y cartas de merced de nombramiento de oficiales, caben en el apartado ya visto de las reservativas:

Las *cláusulas de la corona* impedían a los tonsurados acceder a determinados puestos: «Pero es mi merçet que sy sodes o fuéredes clérigo de corona, que no ayades el dicho ofiçio ni usedes ni gozedes dél, salvo sy sodes o fuéredes casados e no traxéredes corona ni ábito de clérigo».[86] Aparecen citadas con ese preciso nombre en una nota marginal de un formulario utilizado en el siglo xvi en la Cámara de Castilla, al indicar el modelo apropiado para expedir una «merced por elección de la ciudad de la escribanía del número della».[87]

Las *cláusulas de no exención tributaria* denegaban la dispensa del pago de impuestos en aquellos nombramientos que tácitamente podían llevarla aparejada: «E otrosí es mi merçed de que por rasón desta merçed que vos yo fago non seades quito nin esento de pedidos e monedas e otros pechos e trybutos si fasta aquí érades tenudo a los pagar».[88]

Y, por último, las *cláusulas inhibitorias* excluían a determinadas autoridades de conocer o intervenir en un asunto. En este caso nada impide contemplarlas como preceptivas:

> E por esta nuestra carta mandamos e defendemos al dicho corregidor e alcaldes de la hermandad de la dicha Viscaya e alcaldes ordinarios e otras justiçias de la dicha villa o sus logarestenientes e a otros qualesquier jueses e justicias, que non se entremetan de conosçer nin conoscan nin proçedan nin esecuten nin fagan contra los susodichos e contra cada uno dellos e sus consortes nin contra sus bienes dellos nin de alguno dellos cosa alguna, mas en vos los remitan e inbíen como dicho es, ca nos por la presente los ynibimos e avemos por ynibidos en lo susodicho e en cada cosa dello.[89]

[85] Alberto Tamayo López-Machuca: *Archivística, diplomática y sigilografía*, o. cit., pp. 93-96.

[86] Provisión dada por Juan II en 1451 ordenando al concejo de Mondragón que reciba a Lope García de Arcaraso como preboste de la villa (Miguel Ángel Crespo Rico, José Ramón Cruz Mundet, José Manuel Gómez Lago y José Ángel Lema Pueyo: *Colección documental del Archivo Municipal de Mondragón (1451-1470)*, San Sebastián: Sociedad de Estudios Vascos, 1996, doc. 127).

[87] Isabel Aguirre Landa: «Un formulario del Consejo de la Cámara del siglo xvi», en José Martínez Millán (coord.): *Felipe II (1527-1598): Europa y la monarquía católica*, vol. i, t. 1, Madrid: Parteluz, 1998, pp. 33-78 (p. 40).

[88] Carta de merced de Juan II concediendo en 1459 el título de escribano público a Ochoa Pérez de Meñaca (Javier Enríquez Fernández, Concepción Hidalgo de Cisneros Amestoy y Adela Martínez Laidalga: *Archivo Foral de Vizcaya: sección notarial (1459-1520), consulado de Bilbao (1512-1520)*, San Sebastián: Sociedad de Estudios Vascos, 2007, p. 3).

[89] Tomado de una provisión real de 1475 por la que los Reyes Católicos encargan al corregidor de Vizcaya,

Por su parte, el profesor Lorenzo Cadarso,[90] revisando pleitos de los siglos XVI y XVII enumera una larga lista de *cláusulas de salvaguarda de derechos* o *cláusulas judiciales* sacadas de las querellas, demandas, peticiones, recusaciones y alegaciones de las partes, y que sirven para precaverse formalmente de eventuales recursos y otros amparos legales.[91] Como él mismo señala, esa clasificación está «elaborada según criterios procesales y jurídicos», lo que no siempre se corresponde con su faceta diplomática como irá indicado oportunamente:

a) Mediante las *cláusulas de reafirmación* se pone de manifiesto que el nuevo acto procesal no invalida los anteriores:

> Afirmándome en todo lo pedido y expuesto por mi parte.[92]
> Afirmándome como me afirmo en todo lo pretendido y expuesto a nombre de mi parte, que en caso nezesario pido y alego de nuevo.

Diplomáticamente, es preferible considerarlas exposición, a la cual por regla general sirven de remate, dando paso inmediatamente a la petición:

> Afirmándome en todo lo pedido y expuesto por mi parte, suplico a Vuestra Alteza se sirva hacer y estimar a su fabor como se contiene en dicha demanda.

b) Las *cláusulas de protesta y sanción* se suelen colocar al final del cuerpo central y lo que hacen es anticipar la disconformidad con una posible resolución contraria y la exigencia de resarcimiento de daños en tal caso:

Rodrigo Maldonado, que juzgue a Martín Sánchez de Villela (Javier Enríquez Fernández, Concepción Hidalgo de Cisneros Amestoy y Adela Martínez Laidalga: *Archivo General de Simancas. Registro General del Sello. Vizcaya (1475-1477)*, San Sebastián: Sociedad de Estudios Vascos, 2002, p. 9).

[90] Pedro Luis Lorenzo Cadarso: «Cláusulas y formulismos en la documentación judicial castellana de los siglos XVI y XVII», *Signo. Revista de Historia de la Cultura Ecrita*, 6 (1999), pp. 205-221 (pp. 212-220); *La documentación judicial en la época de los Austrias. Estudio archivístico y diplomático*, o. cit., pp. 66-67.

[91] Veremos que las cláusulas de requerimiento y de corroboración judiciales pueden provenir no solo de las partes sino también del propio juez o tribunal.

[92] Salvo advertencia, esta y las siguientes citas del apartado judicial pertenecen al litigio entre Madrid y El Real de Manzanares por el aprovechamiento forestal de este último término (Biblioteca Nacional, ms. 10679); el pleito de hidalguía que promovió el sastre Juan Ochoa de Gurbide contra su propio concejo de Belmonte de Tajo (Archivo de la Real Chancillería de Valladolid, Sala de hijosdalgo, caja 759, doc. 2); la causa criminal de oficio contra el mismo sastre por resistirse a la autoridad del alcalde ordinario y herir a un convecino (Pleitos Criminales, caja 2089, doc. 8), y la ejecutoria de hidalguía ganada también al concejo de Belmonte por Alfonso Sánchez Mudarra y sus hijos (Registro de Ejecutorias, caja 3582, doc. 26).

De lo contrario hago protesta.
En otra manera, vos fasiendo lo contrario, protesto que todo lo que de aquí adelante fesiéredes e proçediéredes e pronunçiáredes en el dicho pleyto e negoçio sea en sý ninguno como aquello que es fecho e pronunçiado por non iues, e contra vos e contra vuestros bienes todas las costas e yntereses a los dichos mis partes rrecreçidos e rrecreçedores por la dicha rrasón.

Diplomáticamente, han de entenderse como un tipo especial de cláusulas sancionativas penales característico de la Edad Moderna.

c) Para rechazar en conjunto las alegaciones de la parte contraria o todas las decisiones del juez o bien solo las adversas, se recurre a las *cláusulas de negación genérica: Negando y contradiciendo lo perxudicial; Sin enbargo de lo alegado y provado por la parte conttraria…*
Al igual que las cláusulas de reafirmación, suelen colocarse al final de la exposición, donde bien pueden incluirse.

d) Las *cláusulas de salvaguarda de derecho* dejan en suspenso potenciales actuaciones procesales desechadas al presente, como en esta petición de 1818:

> Y recibida esta información, en la parte que baste, en atención a que por ahora la urgencia no me permite producir otros muchos testigos que concordarían con los puntos propuestos, suplico a usted se sirva igualmente mandar se me entreguen originales, *[cláusula de salvaguarda:]* dejando a salvo mi derecho de ampliarla cuando se proporcione y sea necesario.[93]

Ocupan la misma posición que las anteriores, pero estas deben tenerse por cláusulas reservativas.

e) Las *cláusulas de apelación,* que también acostumbran a ir cerrando la exposición, son parecidas a las de protesta y sanción (y según el criterio diplomático han de ser consideradas igualmente dentro del tipo especial de las penales vistas en ese apartado), pero aquí la respuesta concreta que anticipan en caso de fallo adverso es el recurso de alzada: «Y lo contrario haciendo, hablando como devo, apelo para el alcalde mayor desta villa».

[93] Juan Evaristo Hernández y Dávalos: *Colección de documentos para la historia de la guerra de independencia de México de 1808 a 1821*, vol. VI, México: Universidad Nacional Autónoma de México, 2008, doc. 1127.

f) Las *cláusulas de alegación genérica* aluden al principio jurídico que ampara el derecho a impugnar *(Primero por lo general)*. Señala Lorenzo Cadarso que suelen emplearse en las peticiones y alegaciones encabezando los argumentos refutatorios, por lo cual, desde el aspecto diplomático, cabrían dentro de la exposición. He aquí la réplica de la parte del reo a lo depuesto por un testigo de la contraria, en el pleito criminal citado hace poco:

> Lo uno por lo general, y particularmente por defecto de parte y relación verdadera, y la niego en todo lo que convenga. Lo otro porque el dicho mi parte no se resistió a vuestra merced ni dexó de dalle las armas y espada que solamente llevava, ni ay testigos que lo digan ni declaren, y lo que testifica Catalina Ruiz no daña por ser singular y muger y aver suscedido el caso de noche que casi es ynposible conocerse una persona. Lo otro porque la propia dificultad ay en conocer a ninguna persona en la voz por ser tan poca concluyente provança como está dispuesto en el propio caso en derecho.

g) Con las *cláusulas de protocolo judicial* las partes declaran su acatamiento a las normas y usos procesales: *Hablando con el rrespeto que devo; Premisso lo necessario; Conforme a derecho; Como mejor haya lugar...*

Aunque explica el profesor Lorenzo que en las peticiones, alegatos y apelaciones sirven de nexo entre la exposición y la disposición, pueden adscribirse sin dificultad a la primera:

> Fernando de Matatoros, vezino desta villa, digo que siéndome deudora esta villa y sus bienes propios y rrentas, de tres mill maravedís, contra quien tengo mandamiento de contado y para que me fuese ffecho pago, pedí a vuestra merçed mandase quel escrivano del ayuntamiento desta villa diese una fee de los maravedís, propios y rrentas desta villa, deviéndolo vuestra merçed ansí proveer y mandar de justiçia, no lo hiço. Y sintiéndolo por agravio, hablando con el rrespeto que devo, apelo para su excelencia el marqués mi señor y señores de su Consexo.[94]

Otras veces introducen la *expositio:*

> Sebastián Freile, promutor fiscal de la real justicia por vuestra merced nombrado para esta causa, como mejor de derecho lugar aya, ante vuestra merced acuso criminalmente a Juan Ochoa de Gurvide, vezino desta villa, preso en la cárcel della. [*Expositio*:] Y premisso lo necessario, contando el caso de mi acusación, digo que es ansí que yendo vuestra merced como justicia y alcalde ordinario desta dicha villa andando por ella como es obligado para

[94] AME, Hacienda, Contabilidad, Miscelánea, libro único, f. 465.

evitar delictos y escándalos, la noche de un día que se contaron diez y ocho del mes de julio deste presente año, a las once de la noche, mucho después de aver tocado la queda.

h) La *cláusula de petición judicial genérica,* presente en las peticiones y alegatos, recaba el dictamen favorable del juez:

> Sobre que pido ser hecho a mi parte entero cumplimiento de justicia.
> Sobre que pido justicia.
> Pido y suplico mande hazer y aga en todo según que por mi parte está pedido y suplicado.

Realmente forma parte de la disposición peticionaria, al fin de la cual generalmente va, pero a veces la encontramos en pasado al principio de la lista de argumentos, unida a una cláusula de negación genérica:

> D. en nombre de P. en el pleyto de tenuta con R. digo que, sin embargo de lo alegado por su parte, Vuestra Alteza ha de mandar hacer según y como por mi parte está pedido por lo siguiente: lo primero por lo general y lo que tengo alegado. Lo otro porque habiendo como hay escritura de fundación de mayorazgo con llamamientos particulares diferentes de los mayorazgos y ordinarios, es sin fundamento decir la parte contraria que funda su intención de derecho como hermano de G., poseedor no verdadero sino intruso, y teniendo ultra de esto calidad diferente por esta sucesión de la que hay en el dicho R. Lo otro porque la escritura de mayorazgo presentada por mi parte es cierta y verdadera. Lo otro porque... [95]

En estos casos podemos dejarla dentro de la exposición.

i) Las *cláusulas de cortesía* no son privativas de la documentación judicial y las veremos un poco más adelante.

j) Las *cláusulas de juramento judicial* forman parte del grupo que se coloca al final del cuerpo central y aseveran la recta intención del actuante:

> Y juro.
> Juro verdad.
> E iuro a Dios e a Santa María e a esta sennal de crus en que pongo mi manc derecha corporalmente e a las palabras de los santos Evangellios doquier que son en ánima de los

[95] Tomado de la *Instrucción política y práctica judicial conforme al estilo de los Consejos, audiencias y tribunales de Corte y otros ordinarios del rreyno* compuesta en 1656 por Alonso de Villadiego.

dichos mis partes, que esta suspeçión non la puse en vos de maliçia nin por dylatar este dicho pleyto salvo ende por temor de ser de vos agraviado.

Estas sí pueden conceptuarse un tipo específico desde el punto de vista diplomático.

k) Las *cláusulas de requerimiento judicial* apremian al destinatario por iniciativa del propio juez o de la parte contraria a cumplir una orden procesal:

Con que... rrequiero a vuestra merced para que la mande guardar, cunplir y executar como en ella se contiene.

Lorenzo Cadarso mete también aquí otras cláusulas propias de las peticiones, denuncias, alegatos..., donde una de las partes justifica los motivos para reprobar a la otra y solicitar la oportuna condena:

El qual [delicto] y los demás fueron muchos y mui graves, dinos de ser castigados con público y exemplar castigo.

Como conviene al serviçio de la justiçia.

Tanto unas como otras se colocan normalmente al final de la exposición, pero diplomáticamente son diferentes: las primeras tienen ya un carácter dispositivo, mientras que el de las segundas es expositivo:

Juan Mattheo de Medrano, esscrivano del número desta ciudad, en nombre de Pedro Simón de Cobalera, vecino de ella, en la forma que más á lugar parezco ante vuestra merced y digo que como consta de esta rreal provisión que presento en forma y con el juramentto nezesario y con que ablando devidamente rrequiero a vuestra merced para que la mande guardar, cunplir y executar como en ella se contiene, y en su execución y cumplimiento, pido y suplico a vuestra merced mande y conpela por prisión y todo rrigor de derecho a Joseph...

El qual [delicto] y los demás fueron muchos y mui graves, dinos de ser castigados con público y exemplar castigo, e incurrió en muchas y diversas penas por derecho y fuero, leies y pragmáticas destos reynos establecidas contra semejantes delinqüentes, en las quales y las mayores y más graves dellas pido y suplico a vuestra merced que avida mi acusación por verdadera en la parte que baste, condene al dicho reo por mí acusado exequtándolas en su persona y bienes.

l) Buen número de las *cláusulas de corroboración judicial* en nada difiere de las demás cláusulas corroborativas que veremos en el apartado siguiente, por ejemplo: *Y en fee de todo ello firmé yo el dicho escribano junto con un testigo.*

Otra cosa son las esgrimidas por los jueces apoyándose ya sea en el contenido del sumario (*Como consta de este testimonio signado de escrivano público; Attentos los autos y méritos deste proçesso...*), en una información extraprocesal (*Porque tubimos noticia; Atento estoy informado...*) o una orden previa (*En virtud del autto por mí proveýdo*), o bien en la legislación vigente (*Conforme las leyes destos reynos*) o en razones más difusas (*Como conviene al bien común; Como conviene al serviçio de Su Magestad...*). Todas ellas pueden integrarse en la exposición.

Es muy frecuente dar por sobreentendidas bajo un *etcétera* todas estas cláusulas judiciales: *Sobre que pido justicia y para ello, etcétera; Pido justicia, etcétera; Y juro en forma no la pido de maliçia sino porque ansí conviene a my justicia, la qual pido y para ello, etcétera...*

4.5.12. Cláusulas corroborativas

Acreditan que el diploma ha sido expedido respetando las formalidades requeridas. Los actos específicos acostumbrados para ello son:[96]

a) La *iussio,* es decir, aquella parte de la *conscriptio* con el preciso acto de voluntad que origina el instrumento:

> In cuius rei testimonium presentes litteras confici fecimus.
> Ego namque Adefonsus regis qui hanc cartam fieri iussi.
> En fe de lo qual vos mandé dar esta mi carta.
> E desto vos mandé dar esta mi carta de previllejo.

En la documentación latina y en la romance más antigua se suele reflejar con las palabras *Rege exprimente* (de *exprimere,* «pronunciar») o *El rrey lo mandó,*[97] e ir dentro de la data,[98] como en este ejemplo del Archivo Municipal de Escalona: «Dada en Sevillia. El rrey la mandó. Martes ocho días dabril en Era de mill et treçientos et dos annos».[99]

Aunque ni Tomás Marín y Ruiz Asencio ni Lorenzo Cadarso lo tienen en cuenta, otras veces la causa volitiva inmediata es la *rogatio,* típica de la documentación privada y dirigida al escribano convenido:

[96] Tomás Marín Martínez y José Manuel Ruiz Asencio (dirs.): *Paleografía y diplomática,* o. cit., vol. II, pp. 184-185; copiado por Pedro Luis Lorenzo Cadarso: «Caracteres extrínsecos e intrínsecos del documento», o. cit., p. 277.

[97] Alberto Tamayo López-Machuca: *Archivística, diplomática y sigilografía,* o. cit., p. 93.

[98] Pilar Ostos Salcedo: «Cancillería Castellana y lengua vernácula. Su proceso de consolidación», *Espacio, Tiempo y Forma. Historia Medieval,* 17 (2004), pp. 471-483 (p. 477).

[99] AME, Fuero y Mercedes a la Villa, doc. 3.

E desto otorgo firme carta y ruego a vos, el dicho Pedro Manuel, escrivano, que lo dedes ansí signado con vuestro signo en manera que faga fe.

A veces se sobreentiende en la simple constancia dejada a posteriori:

E por que esto sea firme e valedero e non venga en dubda otorgué esta carta ante Miguell Ferrandes, escrivano público en el dicho logar de Utrilla.

En firmeça de lo qual otorgué esta carta de testamento antel escrivano público de yuso escrito.

b) La subscripción del autor y del escribano o notario:

Ego Sarracino presbiter in hoc scriptura testamenti manu mea roboro.

Ego rregina Sancia uobis hominibus de Val de Salice hanc cartam quam fieri iubsi propria manu rroboro et confirmo et signum fatio.

Ego Ildonza Ouequiz hac carta donationis a me factam corroboro et signum facio.

Andreas Rodensis, clericus notarius notator, notando manu propria notauit.

E por que esto sea firme e non venga en dubda firmé en esta carta mi nonbre e por mayor firmesa rrogué al escrivano yusoescripto que la sygnase de su sygno.

En fe de lo qual vos mandé dar esta mi carta fyrmada de mi nombre e refrendada del mi secretario.

Y lo firmaron de sus nonbres los dichos señores otorgantes a quienes yo el escrivano doy fee que conozco.

Está bien y fielmente trasladado este testamento de otro de Juan Garçía, escrivano real y público desta villa del Pozuelo, y por la verdad lo firmé de mi nombre.

Y firmé.

Y por ser verdad lo firmé.

Y para que conste lo firmé.

Trámite que puede delegarse:

E porque yo la dicha otorgante no sé firmar, lo firmaron a mi rruego los dichos Alonso de Pedro Sánchez e Bartolomé Martínez.

c) La intervención de testigos y confirmantes:

E lo firmaron los testigos susodichos.

He hecho comparecer a tres personas honradas que lean y firmen la precedente memoria escrita en los cuatro primeros folios de este libro y firmen igualmente esta su declaración escrita en el folio quinto, para que siempre puedan testificar con las copias autorizadas que se reservan, la existencia de este escrito en los cinco folios, y con su testimonio pueda yo en su día exigir la responsabilidad consiguiente a quien osara destruir lo que queda escrito, y después de leído todo por los testigos lo firman conmigo.

d) La constatación de haberse colocado o estampado el sello:

> Et por que esto sea ffirme et estable mandamos sseellar este privillegio con nuestro sseello de plomo.
>
> E desto mandé dar esta mi carta escripta en pargamino de cuero y sellada con mío sello de zera colgado.
>
> E desto mandé dar esta mi carta sellada con mío sello de la poridat.

Esta cláusula nos puede ayudar a identificar el tipo documental cuando el sello se ha perdido, distinguiendo por ejemplo entre una carta abierta, que lo llevaba de cera, y una carta plomada.

Hasta aquí las corroboraciones propiamente dichas, pero este apartado puede tocar otros particulares, y señaladamente estos:

a) El material de soporte:

> De lo qual os mandé dar esta mi carta de previlegio e confirmaçión, escrita en pargamino.
>
> E desto vos mandé dar esta mi carta de previlleio rrodado escripta en pargamino de cuero.
>
> E yo Alfón Gonçales, notario e escrivano público sobredicho, fuy presente a lo que dicho es con los dichos testigos e lo fis escrevir en estas dos foias de papel de pliego entero e en fin de cada plana va la sennal de mi nonbre.

b) La participación de determinados oficiales de la Cancillería o de la corte:

> E desto vos mandé [dar] e di esta mi carta de previllejo e confirmaçión, escrita en pargamino de cuero e sellada con el sello de plomo del rrey mi señor e mío, que aya santa gloria, con que mandé sellar mientra se emprime mi sello, el qual va pendiente en filos de seda a colores, e librada de los mis concertadores e escrivanos mayores de los mis previllejos e confirmaçiones.
>
> E desto vos mandamos dar esta nuestra carta de previllegio e confirmaçiones escrita en pargamino de cuero e sellada con nuestro sello de plomo pendiente en filos de seda a colores e librada de los nuestros escrivanos mayores de los previlegios e confirmaçiones de nuestros rreynos e de los nuestros contadores maiores e otros ofiçiales de la nuestra Casa.

c) La reproducción de originales múltiples:

Et yo el dicho García Abbat, clérigo, a rruego e a mandamiento de los dichos don Gonçalo e de donna María e de fray Lloreynt fiz destas posturas dos cartas partidas por ABC.

Çerca de lo qual amas las dichas partes otorgaron dos cartas de un tenor, tal la una commo la otra, para cada una de las dichas partes la suya, y qualquiera dellas que paresca, vala y faga fe commo sy amas pareşçiesen, en las quales nos, los dichos escrivanos públicos, fyrmamos nuestros nonbres por mayor corroboraçión. E yo el dicho Martín de Torres las sygné de mi syno. De las quales es ésta la una, que fue fecha y pasó en el día, mes y año y lugar sobredichos.

Como venimos viendo, es muy habitual reunir diferentes cláusulas corroborativas:

Hanc cartam quam fieri iussi confirmavi et manu mea roboravi.

Ego Adefonssus imperator cum coniuge mea Constançia regina, cum uoluntate abbatis et monachorum, quod fieri iussi et lectum audiuimus roboramus manus nostras et signum adiccimus.

E desto les mandé dar esta mi carta de previlleio rrodado escripta en pargamino de cuero e sellada con mi sello de plomo pendiente en filos de seda a colores.

4.5.13. Cláusulas de cortesía y sometimiento

Los asertos de atención o deferencia hacia el destinatario son peculiares de misivas, peticiones, memoriales, consultas al rey, oficios y reales órdenes:

Dios vos acresçiente la vida e la onrra e vos dé poderío sobre vuestros enemigos.

E Dios por su merçed quiera que la sabiduría será buena e dévos Dios salud.

Nuestro Sennor las muy nobles personas de vuestras merçedes guarde e acresçiente como vuestras merçedes desean.

Nuestro Señor todos tiempos vos haya en su espeçial guarda e encomienda.

Dios guarde a Vuestra Magestad como la christiandad á menester.

Nuestro Señor guarde la persona de Vuestra Excelencia en la grandeza que hemos menester y deseo.

Guarde Dios a Vuestra Magestad muchos años.

Dios le guarde.

Conllevan respetuoso sometimiento las dirigidas al monarca o a cualquier otra alta dignidad:

Besamos los reales pies de Vuestra Magestad.

Los más humildes siervos de Vuestra Alteza.

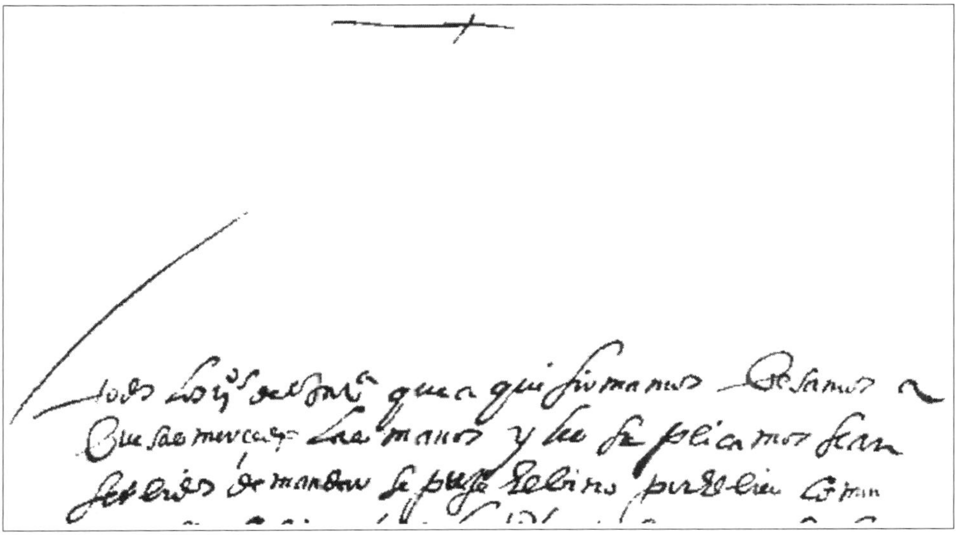

Figura 10. Cláusula de sometimiento tras la *intitulatio* de una petición: «(*Cruz*) Todos los veçinos desta villa que aquí firmamos besamos a buesas merçedes las manos y les suplicamos sean serbidos de mandar se puje el bino por el bien común... »[100]

Vuestro siervo e fechura de la vuestra limosna.

Beso vuestros pies e vuestras manos e me encomiendo en la vuestra merçed como de mi rrey e mi señor natural so cuya merçed e limosna bivo.

Puesto a sus pies con el más profundo rendimiento.

Lo más habitual es encontrar unas y otras cerrando el texto, pero tampoco resulta insólito ver una cláusula de sometimiento al principio, pospuesta a la intitulación.

[100] AME, Hacienda, Contabilidad, Miscelánea, libro único, f. 586.

5. Escatocolo

Las fórmulas de cierre, última gran sección del diploma, se estructuran así:

5.1. DATA O FECHA *(DATATIO)*

Momento y lugar de expedición serán los elementos más comunes a cualquier instrumento. Ya la primera constitución del *Código teodosiano* declaraba nulas las leyes imperiales carentes de fecha («Si qua posthac edicta sive constituiones sine die et consule fuerint deprehensa, auctoritate careant»), y el *Liber iudiciorum* de Recesvinto generalizaba la máxima al ámbito privado: «Scripturae quam diem et annum habuerint evidenter expressum atque secundum legis ordinem conscriptae noscuntur seu conditoris vel testium fuerint signis aut subscriptionibus roboratae, omnes habeant stabilem firmitatem».[101]

Hay, sin embargo, ciertos tipos diplomáticos que intrínsecamente carecen de ella, como es el caso de las sentencias, donde la fecha figura en el acta de pronunciamiento levantada normalmente al pie o al dorso:

> En la villa del Pozuelo de Belmonte a veinte e tres días del mes de dizienbre del año de mill e seiscientos el señor Francisco Torresano Pérez, alcalde hordinario desta villa, dio y pronunció la sentencia de suso, que en ella firmó su nonbre y la mandó notificar a las partes. Testigos Alonso Díaz, sacristán, y Diego el Olmo, vecinos de la dicha villa. Juan García, escrivano *(rúbrica)*.

[101] Aunque el código de Teodosio II no entró en vigor hasta el año 438 en el Imperio de Oriente y al siguiente en el de Occidente, se trataba de una recopilación de leyes anteriores: la citada aquí es del 322 (libro I, título I, constitución I). El *Liber iudiciorum* fue promulgado por Recesvinto hacia el año 654 (libro II, título V, ley I).

> *(Cruz)* Dada y pronunçiada fue esta ssentençia por los señores alcaldes de los hijosdalgo en Valladolid a diez y siete de novienbre de mill y seisçientos y diez y ocho años. Salçedo *(rúbrica)*.[102]

También la omiten bastantes peticiones, en las que no importa tanto el momento de redacción como el de su registro de entrada, hecho que también podía reflejarse al dorso:

> En Valladolid a diez días del mes de septiembre de mill y seiscientos y diez y seis años ante los señores alcaldes de los hijosdalgo la presentó Pedro de Monrroi en nombre de su parte, y los dichos señores la huvieron por presentada.

Se ubica generalmente hacia el final del documento, abriendo el escatocolo y antes de los elementos de validación, pero hay salvedades, como es el caso de las actas, incoadas precisamente por ella como acabamos de ver.

Conceptualmente, la fecha, ese sustantivo en que se ha convertido el participio femenino de *facer*, puede ser, según que designe el día o el lugar de otorgamiento, de dos tipos: crónica y tópica o geográfica, esta última menos frecuente. Ejemplos:

> Notum die XVIº kalendas decembrias Era IªXXªIIIª.
>
> Data apud Burgis ciuitatem anno ab Incarnatione Domini millesimo XC^{mo}, indictione XIII^{ma}, Pascae diebus.
>
> Dada en el mi real de sobre Granada tres días del mes de iullio anno del nasçemiento del Nuestro Salvador Ihesuchristo de mill e quatroçientos e treynta e un annos.
>
> Fecha e por mí otorgada en la dicha çibdad de Úbeda quinze días del mes de iunio anno del nasçimiento del Nuestro Salvador Ihesuchristo de mill e quatroçientos e çinqüenta e çinco annos.
>
> En los alcáçares de la villa d'Escalona treze días del mes de febrero año del nasçimiento de Nuestro Señor Ihesuchristo de mill e quatroçientos e setenta e ocho años.
>
> Datum Rome apud Sanctum Petrum anno Incarnationibus Dominici millesimo quadringentesimo nonagesimo octauo, decimoseptimo kalendas iulii, pontificatus nostri anno sexto.
>
> En la Çiudad de los Reyes en beynte e doss días del mes de mayo de mill e quinientos y quarenta e quatro años.
>
> Fue fecha e otorgada en la dicha villa del Pozuelo de Belmonte dentro de las casas de mi morada a çinco días del mes de junio de mill e quinientos y setenta e un años.

[102] Archivo de la Real Chancillería de Valladolid, Pleitos Criminales, caja 2089, doc. 8, ff. 69-69v, y Sala de Hijosdalgo, caja 759, doc. 2, f. 103v.

FIGURA 11. Datas en una provisión del consejero real, alcaide de la fortaleza de Escalona y juez mayor de alzadas en Toledo, Luis de la Cerda: la primera al principio del escatocolo y encima de la firma («Fecha en los alcáçares de la dicha villa d'Escalona a dose días del mes de mayo anno del nasçimiento de Nuestro Salvador Ihesuchristo de mill e quatroçientos e sesenta e tres annos»), y la segunda como encabezamiento del acta de un juramento («En Çerralvo, lugar términos de las iuresdiçiones de las villas d'Escalona e Talavera, a dies e ocho días del mes de mayo anno del nasçimiento de Nuestro Salvador Ihesuchristo de mill e quatroçientos e noventa e syete annos»)[103]

Estando en el canpo yermo a do diçen El Hornillo, término e juredición de la villa d'Escalona, en treinta días del mes de abrill de mill quinientos y ochenta e dos años.

Dada en el bosque de Balsaýn a veynteyocho de otubre de mill y quinientos y noventa y ocho años.

Dada en Buen Retiro a veinte y tres de diziembre de mil setecientos cinqüenta y uno.

En el lugar de Ttrobajo de el Camino a onze de marzo de mil settezienttos zimqüentta y ttres.

Fait et signé à Lunéville le 20 pluviôse an IX de la République Française.

Madrid, 11 de julio de 1977.

[103] AME, Documentación Real, Provisiones Reales, libro 1, doc. AD, y Gobierno, Amojonamientos, libro 5, f. 102.

Principales elementos que pueden aparecer en la fecha:[104]

a) Lo habitual es que comience con alguna variante de ese participio que luego sirvió para designarla: *Facta* o *Factum, Data* o *Datum, Fecha* o *Fecho* y *Dada* o *Dado*. En latín también es normal incoarla con *Notum die*, mientras que en castellano algunos tipos documentales emplean a veces las preposiciones *de* (cédulas reales y misivas) o *en* (misivas y actas).

b) Es normal, sobre todo en la documentación latina, que el propio texto designe después su identidad, que solo a veces coincide con la tipología diplomática actual: *carta, cartula, scriptura, testamentum, privilegium, privilegio, testamento*... El significado tan génerico de alguno de estos términos se puede delimitar con un genitivo: *carta donationis, testamenti, firmitatis, confirmationis*... Ejemplos:

> Facta scribtura concessionis die V° kalendas ianuarias Era DCCCCªLVIIIª.
> Facta carta donationis in Era IªCªVIIII et quoddum II° idus nouembris.
> Factum priuilegium scripture XVII kalendas augusti sub Era MªCªXIª.
> [Ffecho] el privillegio en Valladolit veynte et çinco días andados del mes de mayo en Era de mill et trezientos et çinqüenta et cinco annos.

c) La data tópica, cuando figura, va generalmente a continuación.

d) Y, por fin, la cronológica, empleando, claro está, el modo de datar propio de cada periodo histórico. La mención del año no falta casi nunca y son asimismo habituales el día y el mes:

> VII° kalendas februarii.
> Çinco días andados del mes de mayo.
> Ocho días de abril.
> Sábado vigilia de Pasqua de Spíritu Sancto.

Más raro es que aparezca el día de la semana:

[104] Nicolás Ávila Seoane: «La memoria regia en los documentos de merced a las sedes episcopales de la *extremadura* castellana: de Alfonso VII a Alfonso X», en Pascual Martínez Sopena y Ana Rodríguez López (eds.): *La construcción medieval de la memoria regia*, Valencia: Universidad de Valencia, 2011, pp. 107-134 (pp. 117-124); Susana Cabezas Fontanilla y Nicolás Ávila Seoane: «Cómo fechaba la oficina real astur-leonesa y castellana hasta el siglo XII», en Juan Carlos Galende Díaz y Javier de Santiago Fernández (dirs.): *X Jornadas Científicas sobre Documentación: el calendario y la datación histórica*, Madrid: Universidad Complutense de Madrid, 2011, pp. 59-120.

Notum die Vª feria, VIIIº kalendas maii Era DCCCCLXVIIIª.
Facta cartula testamenti notum die sabbato III nonas decembris Era MCX.
En la villa de Belmonte de Tajo miércoles a once días del mes de mayo de mill y seiscientos y treinta y tres años.

O la hora:

Lunes a la ora de la audiençia de las bísperas, diesesiete días del dicho mes de junio del dicho año de mill e quatroçientos e treynta e siete años.

Es posible encontrar diversas clases de data crónica en un mismo documento:

Facta carta in mense iunio sub Era MªCCªLXªVIª, anno ab Incarnatione Domini Nostri Ihesuchristi MºCCºXXºVIIIª.

e) Los años del reinado o del pontificado, o bien solo el *regnante* o nombre del soberano en ejercicio, son otros posibles elementos de la fecha:

Facta donationis carta anno XXXIIII regni gloriosi principis Adefonsi [II], presentibus episcopis et comitibus in medio ecclesie Dei, die consecrationis templi, II nonas maii Era DCCCXXXVII.
Perfectum hunc series textum notum die II kalendas mai Era ICXXVI regnante et imperante serenissimo principe Adefonso [VI] in Toleto et in Legione.
Facta carta donationis Era MªCªLXªVIIª in mense september in Altafala regnante me [Alfonso I] Dei gratia in Castella et Aragone siue in Panpilonia, in Superarbi et in Ripacurcia.
Fecha XV días andados de agosto en Era de mill e CC e XXXVIII annos, regnante el rrey don Alfonsso [VIII] con su muger donna Leonor en Castiella e en Toledo.
Datum Lugdunum IIII idus augusti anno Domini MºCCºLº, pontificatus domini Innocentius papa IIII anno octavo.
Dada en Madrid a trece de diciembre, año del nacimiento de nuestro rredentor Jesucristo de mil ochocientos catorce, y en el séptimo de nuestro rreynado [de Fernando VII].

El *regnante* también puede ir como *cláusula corroborativa:*

Et ego rrex Aldefonsus, regnans in Castella et Toleto, hanc cartam quam fieri iussi manu propria roboro et confirmo.
E nos el ssobredicho rrey don Sancho, rregnante en uno con la rreyna donna María mi muger e con nuestros fiios el infante don Fernando, primero e heredero, e con el infante don Alfonso e el infante don Enrrique, en Castiella, en Toledo, en León, en Galizia, en

Sevilla, en Córdova, en Murçia, en Iahén, en Baeça, en Badaiós e en el Algarbe, otorgamos este privillegio e confirmámoslo.

f) A veces la data se completa evocando acontecimientos militares o políticos:

> Facta hac carta firmitatis sub Era MªCªXª die idus febroarii et fuit roborata in palacio de Lerma coram magno exercitu militum qui ibant cum rege Valenciam decercare eam de moros.
>
> Facta carta huius donationis Era MCLXVIII et VII idus febroarii, et confirmata in presentia tocius concilii Carrione habiti.
>
> Facta carta huius donationis et confirmationis mense iunio Era MCLXXIII, eo anno quo dominus Adefonsus imperator sumpsit coronam imperii in Legione, eodem imperante in Toleto, Cesaraugusta, Legione, Naiara, Castella, Galicia.
>
> Facta carta in Arevola mense decembri, secunda dominnica Adventus Domini, Era MCLXXXIIII, anno quo predictus imperator Cordubam acquisivit et principem mohabitarum Abingania sibi vassallum fecit, eodem imperatore tunc imperante in Toleto, Legione, Saragozia, Naiara, Castella, Gallecia.
>
> Facta carta in Aelon VIII kalendas octobris Era MCLXXXXII, imperante ipso Adefonso imperatore in Toleto, Gallecie, Legioni, Castelle, Naiare, Sarragocie, Baecie et Almarie, et tunc dompnus Iacintus sancte romane Ecclesie diachonus cardinalis legatus in Hyspania, comes Barchinonie et Sancius rex Navarre vasalli imperatoris.
>
> Fecha la carta en Valladolit por mandato del rrey XV días andados del mes de octubre en Era de mill e dozientos e novaenta e tres annos, en el anno que don Adaut, fiio primero e heredero del rrey Henrric de Anglatierra, recibió la caballería en Burgos del rrey don Alfonso el sobredicho.

5.2. APRECACIÓN *(APPRECATIO)*

Es un escueto anhelo de buena suerte que iba casi siempre inmediato a la data en los diplomas altomedievales y cuyo uso fue decayendo a lo largo de los siglos XI y XII.[105]

En la documentación romana consistía simplemente en el adverbio *feliciter,* complementado en la Edad Media con alguna referencia divina:

> In Dei nomine feliciter amen.
>
> In Christo feliciter amen.

[105] *Apprecatio* vale en latín por «ruego, invocación». También se la denomina *propitiatio* o *auguratio*.

5.3. ELEMENTOS DE VALIDACIÓN Y AUTENTICACIÓN *(VALIDATIO ET AUTENTICATIO)*

Son aquellos signos, fórmulas, marcas o aditamentos que garantizan la legitimidad del diploma.

Según el *Vocabulario* de Ángel Riesco, entran bajo el concepto de suscripción las firmas, rúbricas y signos, sean o no autógrafos, tanto del autor como del rogatorio que lo redacta, los testigos, distintos oficiales de la cancillería u otros eventuales participantes.[106] En cambio, Tomás Marín y José Manuel Ruiz Asencio[107] y Pedro Luis Lorenzo Cadarso[108] distinguen entre suscripción (firmas) y signado (rúbricas y signos).

En latín, la suscripción, que frecuentemente iba acompañada de cruces o crismones, solía adoptar soluciones tales como estas:

> Ego Andrias hanc cartulam testamenti quam fieri volui manu propria (signo) roboravi.
> Argifredo in an cartula donationis manu mea (signo) feci.
> Florentius presbiter testis (signo).
> (Crismón) Christoforus testis (signo).
> Adefonsus confirmans (signo).
> Sub Christi nomine Frunimius episcopus (signo).

En castellano:

> Yo el rrey (rúbrica).
> Gaspar de Alburquerque (rúbrica).

Fórmulas similares pero carentes de elemento validativo (firmas, rúbricas, signos…) deben ser consideradas cláusulas corroborativas:

> Andreas Rodensis, clericus notarius notator, notando manu propria notauit.
> Dominicus, domini rregis notarius. Didaco Garsie, existente cancellario, scripsit.
> Testigos que fueron presentes: Per Álvares y Bartolomé Cantares e Diego Testillano e Alonso Gonçales Garço e Alonso Rodrigues y Juan Martín Barnado y Juan de la Serna y Garçía Bueno y Juan de Pas y Diego Gonçales Crespo, vesinos del dicho lugar Almorox, e Juan Bastones, vesino de Aldeavieja, tierra de Segovia.

[106] Ángel Riesco Terrero: *Vocabulario científico-técnico de paleografía, diplomática y ciencias afines*, Madrid: Barrero & Azedo, 2003, p. 414.

[107] Tomás Marín Martínez y José Manuel Ruiz Asencio (dirs.): *Paleografía y diplomática*, o. cit., vol. II, p. 217.

[108] Pedro Luis Lorenzo Cadarso: «Caracteres extrínsecos e intrínsecos del documento», o. cit., p. 281.

FIGURA 12. Relación de testigos y firmas de los escribanos en una concordia de 1496 entre Talavera y Escalona acerca de los vecinos de Los Cerralbos[109]

> Millán Pérez de Aellón lo fizo escrivir por mandado del rrey en el anno veyntedós que el rrey sobredicho rregnó. Pedro García de Toledo lo escrivió.[110]

Los testigos y confirmantes pueden aparecer formando listas, distribuidas o no en columnas.

Los reyes y emperadores alto y plenomedievales autenticaban con determinados *signos* personales, por lo común monogramas de su nombre. En León y Castilla los más antiguos son solo esquemas geométricos, pero más adelante se van añadiendo al dibujo las letras monogramáticas. Alfonso VII cambió por completo el diseño de su propio signo tras asumir el título imperial en 1135. Sus sucesores Fernando II de León y Sancho III de Castilla abandonaron definitivamente la costumbre de validar así, sustituyéndola por la rueda que veremos a continuación.[111]

También los escribanos y notarios, así como algunos particulares, usan signos para autorizar sus escrituras, rancia costumbre de época romana que aún persiste.

El signo validativo por excelencia en los privilegios reales es la rueda o rota, diseño circular que, como acabamos de ver, sustituye al signo personal en época de Fernando II y Sancho III, bien mediado el siglo XII, y que proviene de los diplomas homónimos vaticanos, donde ya eran centenarias, pues fue León IX (1049-1054) quien las introdujo.

[109] AME, Gobierno, Amojonamientos, libro 5, f. 5.

[110] Este último ejemplo de cláusula corroborativa incluye también, como se ve, la data crónica.

[111] Antonio Cristino Floriano Cumbreño: *Curso general de paleografía y diplomática españolas*, o. cit., pp. 403-406 y 448-451; José Antonio Martín Fuertes: «El *signum regis* en el reino de León (1157-1230). Notas sobre su simbolismo», *Argutorio*, 9 (2002), pp. 15-19 (p. 15), y 10 (2003), pp. 12-13.

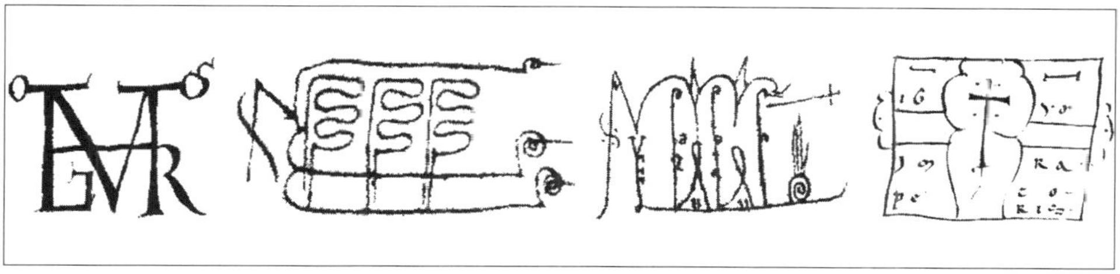

FIGURA 13. Signos del emperador Otón II (967-983), los reyes de León Ordoño II (914-924) y Vermudo III (1028-1037) y el emperador de León y Castilla Alfonso VII (1126-1157)

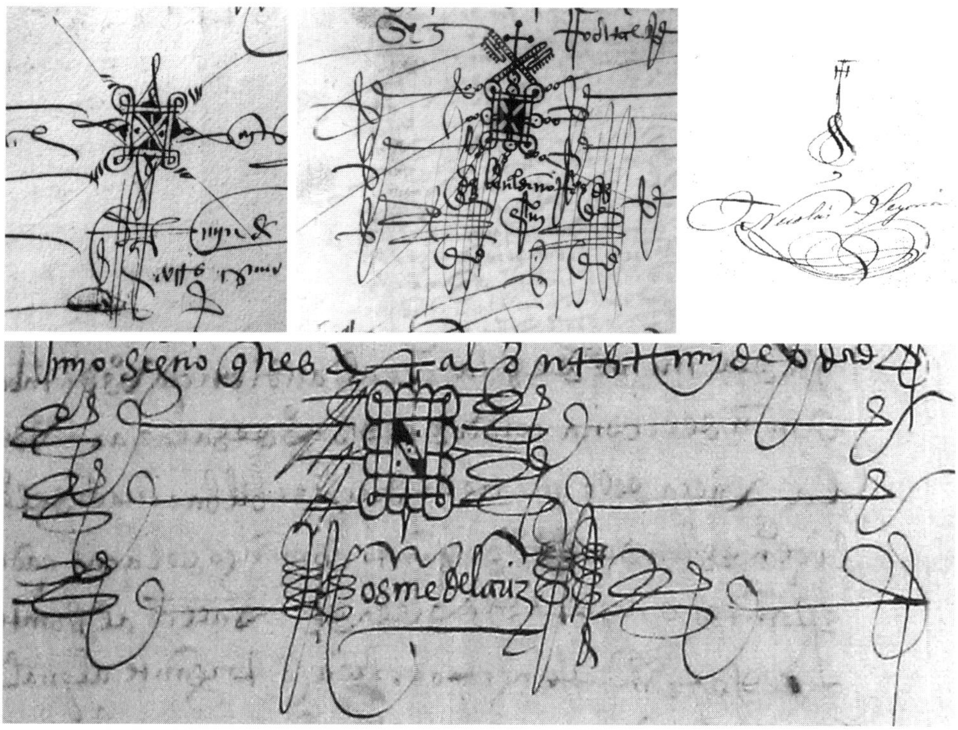

FIGURA 14. Signo del escribano y notario público de Escalona Martín de Torres (1497); signo y firma del escribano público de Talavera y notario apostólico del obispado de Sigüenza Bernardino Rodríguez de Madrigal (1497); signo y firma del notario de Chinchón Nicolás Segovia (1871), y firma y signo del escribano de Valladolid Cosme de Láriz (sin fecha)[112]

[112] AME, Gobierno, Amojonamientos, libro 3, f. 133; libro 5, f. 102v; colección particular, y AME, Administración, Títulos de propiedad, f. 72v, respectivamente.

FIGURA 15. Ruedas de Inocencio III: «(*Cruz*) Fac mecum Domine signum in bonum. Sanctus Petrus. Sanctus Paulus. Innocentius papa III»; Alejandro IV: «(*Cruz*) Suscipe Domine seruum tuum in bonum. Sanctus Petrus. Sanctus Paulus. Alexander papa IIII»; Alfonso IX de León: «Signum Fernandi regis Hispaniarum»; Alfonso VIII de Castilla: «Signum Aldefonsi regis Castelle. Gonzaluus Roderici maiordomus curie rregis confirmat. Comes Ferrandus Nunii alferiz rregis confirmat»; Fernando III: «Signum Fernandi regis Castelle et Toleti, Legioni et Gallecie. Gundisaluus Roderici maiordomus curie rregis confirmat. Lupus Didaci de Faro alferiz domini rregis confirmat», y Alfonso XI: «(*Cruz*) Signo del rey don Alfonso». «(*Cruz*) El infante don Iohán, tutor e alférez del rey confirma. Don Iohán Manuel, mayordomo del rey, confirma»

Las ruedas pontificias están formadas por dos circunferencias concéntricas enmarcando la divisa papal, precedida de una pequeña cruz, mientras otra mayor divide el círculo interior en cuarteles con los nombres de los apóstoles «Sanctus Petrus» y «Sanctus Paulus» en los superiores, y en los inferiores el del pontífice.

En León y Castilla la leyenda anular comienza con el sustantivo *Signum,* que precede a los genitivos del nombre del monarca y su título: «(*Cruz*) Signum Fernandi regis Legionensis»; «Signum Aldefonsi regis Castelle...»; un león ocupa el espacio central en los documentos leoneses, y en los castellanos una cruz. Alrededor de la rueda suelen ratificar el privilegio el mayordomo y el alférez. La unificación de ambos reinos bajo Fernando III en 1230 se reflejará en la leyenda *(Signum Fernandi regis Castelle et Toleti, Legioni et Gallecie),* pero no todavía en el emblema heráldico, que seguirá siendo solo la cruz de Castilla.[113] Con Alfonso X llegan la coloración, el

[113] Jesús Muñoz y Rivero: *Nociones de diplomática española...*, o. cit., pp. 71-72.

FIGURA 16. Firmas de la viuda de Álvaro de Luna, Juana Pimentel, el segundo marqués de Villena, Diego López Pacheco, Felipe II, el licenciado Guardiola y el maestro de Escalona Gumersindo Rodríguez de la Torre[114]

romance y el cuartelado de castillos y leones, al tiempo que las confirmaciones del mayordomo y el alférez se incorporan a la propia rueda en un segundo anillo.

La *firma* patentiza la intervención del titular, su presencia y asentimiento. Consta por regla general de un breve texto con el nombre y los apellidos, acompañados si acaso del cargo o la titulación académica, y como remate la rúbrica o garabato personal, que en ocasiones es el único elemento. Los monarcas, en cambio, firman simplemente *Yo el rrey* o *Yo la rreyna;* también es frecuente que aristócratas y prelados omitan su nombre y escriban solo el título o la dignidad.

Los ágrafos podían valerse de otra persona que firmara por ellos o bien poner una cruz.

En la Edad Moderna se tomó la costumbre de validar algunos tipos documentales con la simple *rúbrica:* notas de oficio, algunas actas, reales decretos, consultas al rey...

El *refrendo* consiste en una fórmula del puño y letra de un escribano o un secretario acreditando deberse la redacción a él o haberla encargado a otro, por iniciativa en cualquier caso del otorgante. Para ser considerado un elemento de validación, debe ir acompañado de la firma del rogatorio, su signo o ambos elementos; en caso contrario, se trataría de una cláusula corroborativa:

[114] AME, Hacienda, Mesta, libro 1, doc. D; Contabilidad, Miscelánea, libro único, f. 42; Documentación Real, Cédulas Reales, doc. único; Hacienda, Contabilidad, Miscelánea, libro único, f. 173, y Servicios, Enseñanza, legajo 1.

FIGURA 17. «Testigo a rruego de Elías Solera, Juan Francisco García Freire *(rúbrica)*». Cruz en un «pasaporte para pobre» de 1853[115]

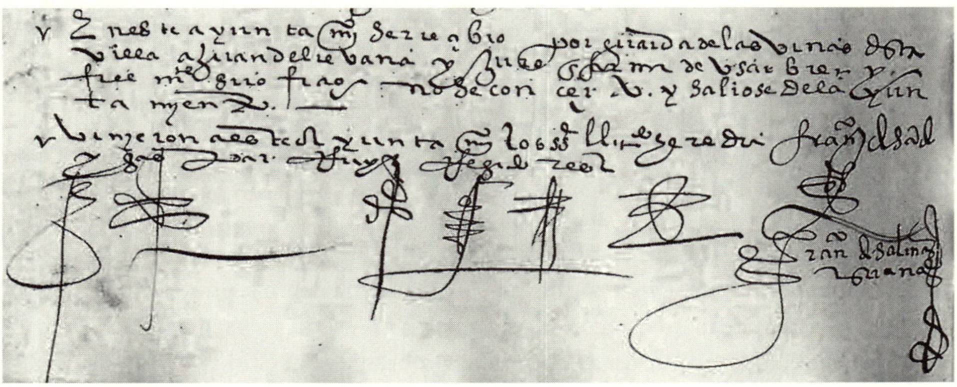

FIGURA 18. Acta del concejo de Escalona del 14 de julio de 1559 suscrita con las rúbricas del corregidor Cristóbal Martínez, el alcalde Juan Ruiz de Molina y los regidores Diego de Villaquirán, Francisco de Páramo Sande, Gaspar Ruiz, Francisco Pérez y Diego de Villa, y la firma del escribano Francisco de Salinas[116]

Raidulfus scripsit, scriptor Secobiensis episcopi, per manum magistri Hugonis cancellarii imperatoris (*signo*).

Ego Semeno scriptor, sub iussione domini mei regis, hanc cartam scripsi et de manu mea hoc signum (*signo*) feci.

Et ego Martinus Ezquerra, notarius publicus et iuratus Panpilone, vidi, tenui ac legi originale predicte littere sub forma predicta, in quorum testimonium subscribo et hoc sig- (*signo*) num meum facio assuetum.

Yo Diego Arias de Ávila, contador mayor de nuestro sennor el rrey e su secretario e escrivano mayor de los sus previlleios e confirmaçiones de los sus rregnos e sennoríos, lo fise escrivir por su mandado (*rúbrica*).

[115] Colección particular y Archivo parroquial de San Miguel de Escalona, sin catalogar.

[116] AME, Gobierno, Actas Concejiles, libro 11, f. 30v.

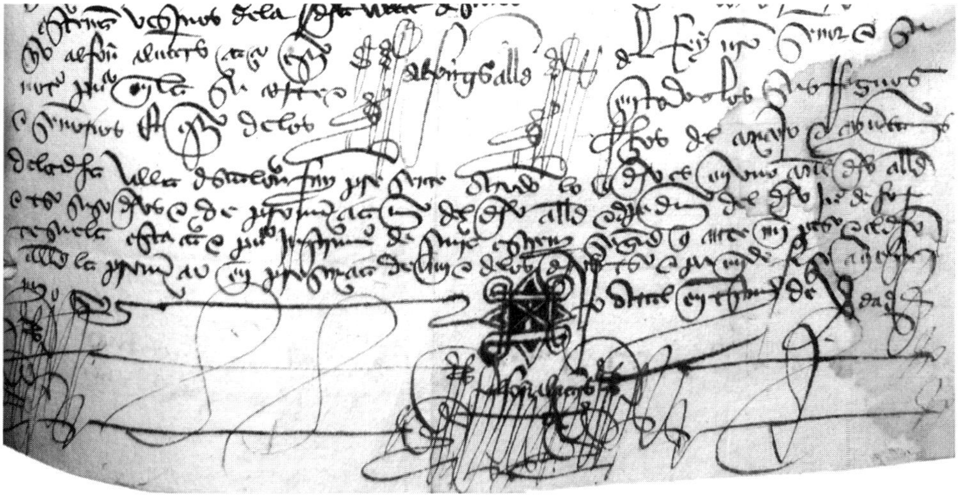

FIGURA 19. Refrendo del escribano municipal de Escalona, Alfonso Álvarez Zazo, alrededor de la firma del alcalde ordinario de la misma villa, Alfonso González de Flanes: «Yo Alfonso Álvares Çaço, escrivano del rrey nuestro sennor e su notario público en la su Corte e en todos los sus rregnos e sennoríos e escrivano de los fechos del concejo e ayuntamientos de la dicha villa d'Escalona, fuy presente a todo lo que dicho es, en uno con el dicho alcalde e testigos susodichos, e de pronunçiamiento del dicho alcalde e de pedimiento del dicho Juan de Hortesuela esta carta e público instrumento de sentençia escreví segund que ante mí pasó e el dicho alcalde la pronunçió en presençia de mí e de los dichos testigos, e por ende fise aquí este mío sig- (*signo*) no atal en testimonio de verdad. Alfonso Álvares (*rúbrica*)»[117]

E yo el sobredicho Ferrand Alfón, escrivano público en la dicha villa d'Escalona a la merçed de nuestro sennor el rrey, fuy presente a todo lo sobredicho, en uno con los dichos testigos e con el dicho alcalde que aquí de suso firmó su nonbre, de pronunçiamiento e mandamiento del qual e de consentimiento e pedimiento de los dichos Iuan Días e maestre Abrahén, este público instrumento de sentençia escriví segund que ante mí pasó, e por ende fis aquí este mío sig- (*signo*) no atal en testimonio de verdat. Ferrnand Alfón, escrivano (*rúbrica*).

Yo Iohán de Oviedo, secretario del rrey nuestro sennor, la fise escrivir por su mandado.

Por mandado del marqués mi señor, Medina (*rúbrica*).

Por mandado del obispo mi señor, Diego de Vargas, su secretario (*rúbrica*).

E yo Diego Sanches de las Roças, escrivano de cámara del rrey e rreyna nuestros señores e su notario públyco en la su Corte y en todos los sus rreynos e señoryos, presente fuy a todo lo susodicho y en uno con los dichos testigos y de rruego y otorgamiento del dicho Alonso Rodrigo esta carta de venta escreví segund que ante mi pasó y por ende fys aquí este mío syg- (*signo*) no atal y en testimonio de verdad. Diego Sanches, notario (*rúbrica*).

117 AME, Documentación Real, Reales Ejecutorias, libro 1, doc. Q.

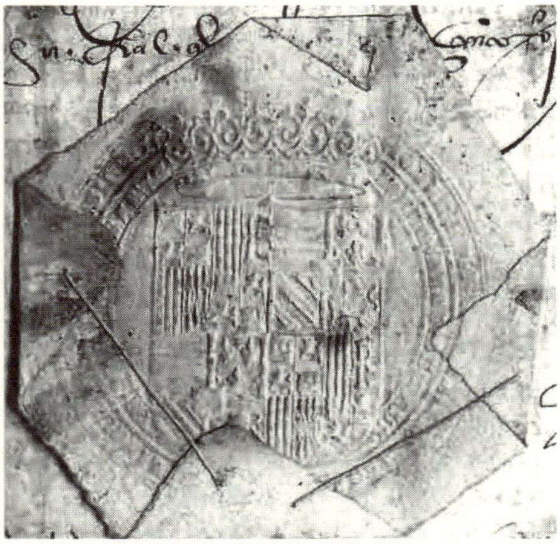

FIGURA 20. Sello de placa de su hijo Carlos I[118]

Yo Rodrigo de Medyna, escrivano de cámara de sus çesárea y católicas magestades la fize escrivir por su mandado con acuerdo de los de su Consejo (*rúbrica*).

Por mandado de Su Magestad. Juan Vazques (*rúbrica*).

E yo Pedro Chamorro, escrivano de Su Magestad rreal y escrivano público desta dicha villa del Pozuelo e vezino della que fuy presente a lo que dicho es en uno con los dichos testigos, e de otorgamiento de la dicha otorgante, a la qual doy fee que conozco, lo escreví e fize escrevir e siné de mi sino que es atal (*signo*) en testimonio de verdad. Pedro Chamorro, escrivano (*rúbrica*)...

Como acabamos de ver en los ejemplos anteriores, los escribanos y notarios signaban a menudo entre las dos sílabas de la palabra *signo*. Es también habitual que el texto del refrendo ciña la firma del otorgante.

Aunque no propiamente gráficos, son asimismo elementos validativos los *sellos*, y como integrantes del conjunto han de ser analizados.[119]

Singular medio de validación, sobre todo en los siglos XII y XIII, fueron las *cartas partidas:* en un mismo pergamino se escribía el contrato o acuerdo tantas veces como partes interesadas hubiera y luego se separaban los diferentes ejemplares con cortes que primero fueron rectos y después quebrados o irregulares, de manera que ante cualquier contingencia podían volver a reunirse y comprobar que casaban. Para

[118] AME, Documentación Real, Provisiones Reales, libro 1, doc. I.

[119] Para un estudio detallado de los sellos pueden consultarse los siguientes manuales: Ángel Riesco Terrero: *Introducción a la sigilografía*, Madrid: Consejo Superior de Investigaciones Científicas, 1978; Faustino Menéndez Pidal de Navascués: *Apuntes de sigilografía española*, Guadalajara: Institución Provincial de Cultura Marqués de Santillana, 1988; María Auxiliadora Carmona de los Santos: *Manual práctico de sigilografía*, Madrid: Ministerio de Cultura, 1996.

FIGURA 21. Parte izquierda de una carta partida: «ABCD»[120]

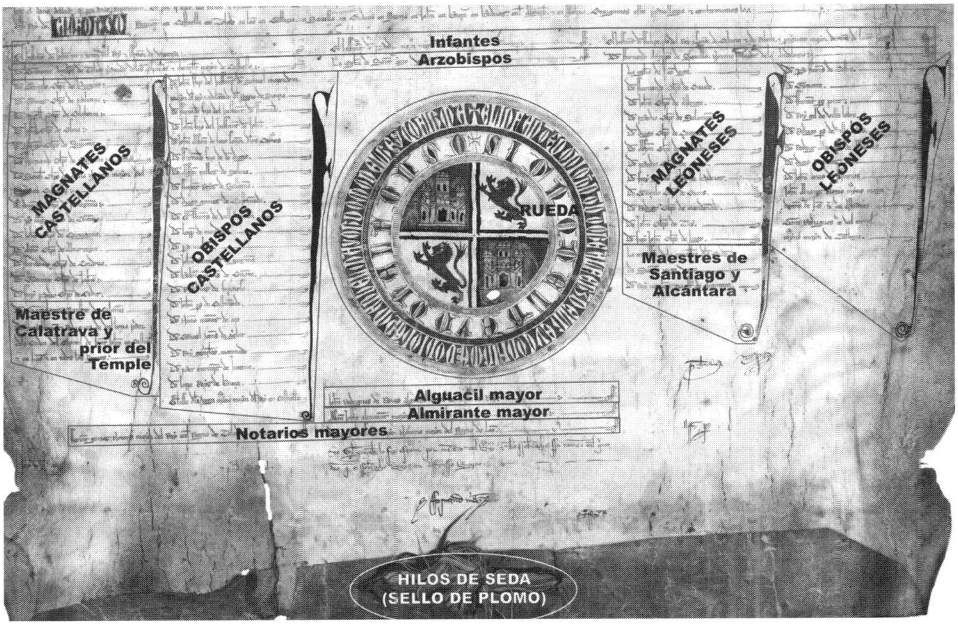

FIGURA 22. Esquema de los elementos de validación en un privilegio rodado de Alfonso XI[121]

reforzar la seguridad, se podían añadir signos sobre la divisoria, generalmente un alfabeto: de ahí la denominación *cartas partidas por abc*.[122]

En los *privilegios* la disposición de los distintos elementos de validación, lejos de ser discrecional, se atiene minuciosamente a pautas fijas y cada cual de los inscritos ocupa un lugar preasignado en función de su categoría, de si es laico o eclesiástico y del territorio o ciudad que representa, o si pertenece a la Cancillería; esta distribución quedó establecida en época de Alfonso X.

[120] AME, Gobierno, Acuerdos con otros concejos, doc. único.

[121] AME, Documentación Real, Fuero y Mercedes a la Villa, doc. 5.

[122] Juan Carlos Galende Díaz «Un sistema de validación documental: de la quirografía a las cartas partidas», o. cit., pp. 362-373.

FIGURA 23. Benevaletes de Pascual II, Alejandro III (precedido por la *comma*) y el obispo de Salzburgo, Everardo (también con comma), y firma y *subscripsi* de Gregorio IX[123]

Los *privilegios pontificios* podían validarse con alguno de los elementos vistos (suscripción del papa y de los cardenales, rota y sello de plomo), pero además con otros tres que no empleaban los oficiales reales:

a) El escatocolo de los instrumentos papales más antiguos terminaba a manera de saludo final con la locución *Bene valete,* que a partir de León IX (1049-1054) se transforma en el monograma denominado *benevalete,* copiado luego por algún otro mitrado.
b) Complemento del benevalete es la *comma,* introducida también bajo León IX: un signo curvo similar a una coma acompañada de dos o tres puntos.
c) El *subscripsi* son dos eses entrelazadas que se colocan tras la firma del pontífice y que a menudo son su único elemento autógrafo.

A partir de los Reyes Católicos, además de las provisiones por ellos mismos firmadas, hay otras refrendadas en su nombre por miembros de los consejos, alcaldes de Casa y Corte, jueces de las chancillerías y audiencias...

En las *cartas de privilegio* y *cartas de privilegio y confirmación* es preceptiva la suscripción de distintos miembros de la Cancillería y la Hacienda regia.[124]

[123] Tomados de Monasterium.

[124] Para saber qué oficiales concretos debían intervenir en cada oportunidad, lo mejor es consultar los trabajos de María de la Soterraña Martín Postigo: *La Cancillería de los Reyes Católicos,* o. cit., pp. 52 y 84-85; «La Cancillería castellana en la primera mitad del siglo XVI», o. cit; «Aportación al estudio de la Cancillería Real castellana en la segunda mitad del siglo XVI», o. cit.; «La Cancillería Real castellana en el siglo XVII», o. cit.

6. Algunos anejos que pueden encontrarse en los documentos

6.1. SALVADO

Es una fe de erratas, colocada generalmente hacia el final del diploma pero antes de la validación, donde se recogen las tachaduras, interlineados y demás enmiendas del calígrafo a fin de certificar que no son espurias:

> Va escrito entre rrenglones y sale a la margen: «vezinos y moradores», «del dicho valle», «de la dicha villa», «confirma», «hijo»; y entre y a la margen: «don Diegómez de Castañeda, confirma», «la confirma», «la dicha carta de previllegio suso yncorporada», «nos», «con esto», y en la margen: «y su tierra»; valla (*sic:* vala).
>
> Va escrito sobrerraýdo o diz «una» e o diz «de lo» e o diz «merino» e o diz *(sic)* e do van dados estos dos peletes e o diz «del». E va escrito entre rrenglones o diz «diez» e o diz «que lo» e o diz «mando» e o diz «sus» e o diz «que lo». E va enmendado o diz «e morare» e o diz «ende» e o diz «escritura». Vala e no la enpezca.[125]

6.2. BREVETE

Es un sucinto resumen del documento donde solo figuran los datos básicos y que servía para que el otorgante, antes de suscribirlo, conociera su contenido sin tener que leérselo entero. Suele situarse en el margen inferior de cédulas reales, cartas de merced, provisiones...

[125] Archivo Municipal de Ezcaray, Gobierno, Concejo/Ayuntamiento, Disposiciones recibidas, 648/2, f. 29v. y Archivo Regional de la Comunidad de Madrid, Archivos históricos municipales, San Martín de la Vega, caja 18420, doc. 3530, f. 20v.

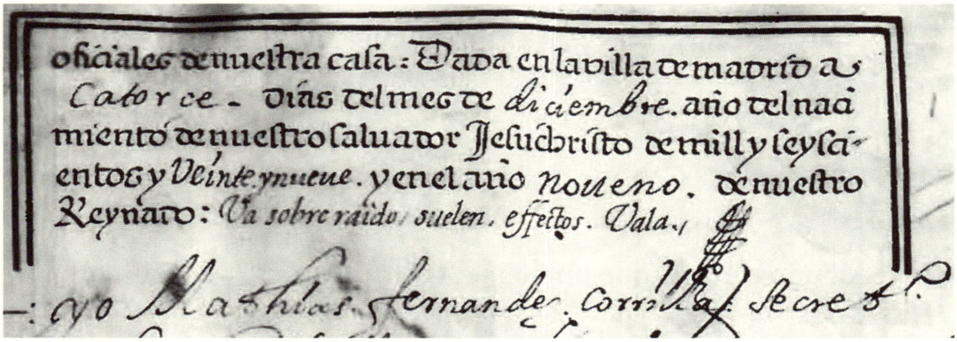

FIGURA 24. Salvado de una carta de privilegio y confirmación de Felipe IV: «Va sobreraído (sic): "suelen", "efectos", vala»[126]

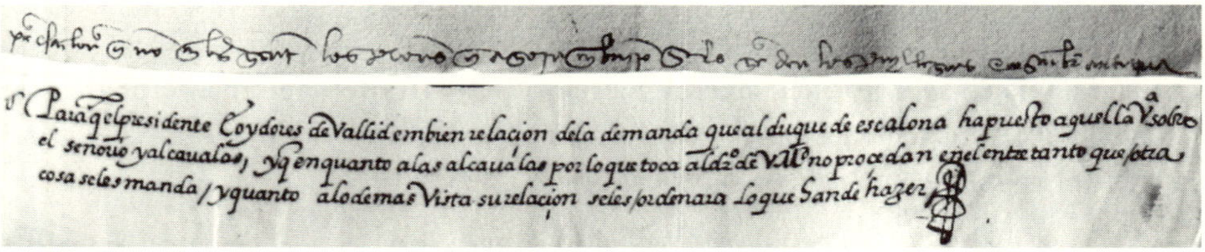

FIGURA 25. Brevetes en una provisión del marqués de Villena, Diego López Pacheco: «Para Escalona, que non enbargante los peones que agora enbiaron, se les guarden los previllegios e costunbre antigua»; y una cédula de Felipe II: «Para que el presidente e oydores de Valladolid embíen relación de la demanda que al duque de Escalona ha puesto aquella villa sobre el señorío y alcavalas, y que en cuanto a las alcavalas, por lo que toca al derecho de Vuestra Magestad, no proçedan en el entretanto que otra cosa se les manda, y quanto a lo demás, vista su relaçión, se les ordenará lo que han de hazer *(rúbrica)*»[127]

[126] AME, Documentación Real, Fuero y Mercedes a la Villa, libro único, f. 34.

[127] AME, Contabilidad, Miscelánea, libro único, f. 42, y Documentación Real, Cédulas Reales, doc. único.

7. Cómo resolver el ejercicio

Las prácticas de estructura documental, cuya finalidad es que el alumno sepa identificar los diferentes conceptos que hemos ido viendo a lo largo de este trabajo, pueden abordarse, bien a partir de un facsímil del diploma, de su sola transcripción o de ambas cosas combinadas. La primera alternativa puede ayudar a distinguir algunos elementos, por ejemplo la intitulación de cédulas reales, misivas desde Juan II, breves y motuproprios, porque va separada del resto del texto en la primera línea; o cómo se distribuyen los componentes de la validación en el escatocolo de un privilegio rodado; pero se precisa cierta soltura al transcribir y ello, dependiendo del tipo de letra, exige más o menos experiencia.

Pido anticipadamente disculpas si los párrafos siguientes resultan prolijos. Propongo estos pasos concretos:

Habrá que indicar las partes existentes, dónde empieza y acaba cada una, y si pertenecen al protocolo, al cuerpo o al escatocolo. No es necesario nombrar las ausentes[128] ni dar explicaciones teóricas.

Existen distintos métodos, todos válidos mientras quede claro que sabemos reconocerlas. A continuación entraremos en los pormenores teniendo en cuenta que en ocasiones se trata de una práctica en el aula o de un examen, que por tanto han de resolverse a mano, pudiendo optar en los demás casos por el ordenador; y, por otro lado, según si partimos de un original fotocopiado o de su transcripción.

Cuando el ejercicio haya de realizarse a mano, se podrá ir copiando en hoja aparte el texto de los distintos elementos, identificándolos y apuntando a qué parte principal del diploma se adscriben; si el fragmento es demasiado largo, bastará con reproducir

[128] El profesor Tamayo, en cambio, prefiere que se enuncien todas («cuando por razón de su carácter el documento carezca de alguna de aquellas partes, se hará constar, por ejemplo, con las palabras "no figura"»), pues únicamente se atiene a un estereotipo de ficha que ofrece en apéndice y que el alumno debe ir completando (Alberto Tamayo López-Machuca: *Archivística, diplomática y sigilografía*, o. cit., pp. 112 y 287).

las primeras y últimas palabras. Una variante de este modelo consiste en servirse de algún tipo de plantilla como la que facilita Alberto Tamayo,[129] salida menos flexible que una distribución apropiada a cada documento decidida espontáneamente. Otro remedio es numerar las líneas y poner en cuáles empieza y termina cada parte. Asimismo, se puede trabajar directamente sobre la transcripción facilitada, caso en el cual resulta muy útil que el profesor prevenga un interlineado amplio para anotaciones y otros recursos como llaves, subrayados, colores…

También el ordenador admite muchas de esas soluciones y si el ejercicio estriba en un archivo informático, abreviamos bastante la tarea de copiar fragmentos. Son igualmente aconsejables las opciones de los procesadores de texto para cambiar el color de la fuente o del fondo.

Si se trabaja en la fotocopia del original, aparte de lo dicho y siempre que contemos con suficiente espacio,[130] podemos marcar cada elemento con colores y aplicarlos correlativamente a la transcripción, si a un tiempo vamos copiando el texto y distribuyéndolo en partes, ya sea según nuestro propio esquema o con plantilla.

Como ya vimos al hablar de la exposición, cuando se nos dé el caso de documentos de confirmación que contengan aquellos otros de donde derivan, habrá que analizar primero el instrumento base en su conjunto incluyendo en la *expositio* todos los insertos, y después extraer cada uno de ellos y analizarlos por separado como si fueran ejercicios independientes.

Y ahora, como colofón, van quince prácticas de estructura documental resueltas mediante las propuestas planteadas.

[129] Alberto Tamayo López-Machuca: *Archivística, diplomática y sigilografía*, o. cit., p. 287.

[130] Si el diploma tiene la letra muy pequeña o las líneas están muy prietas, no es recomendable resolver la práctica sobre el modelo entregado.

Colección de láminas

8. Colección de láminas

Pautas tenidas en cuenta al transcribir:

- Sometimiento como norma general a la ortografía y literalidad del texto, aunque sea defectuosa. En el caso de repeticiones inútiles, despistes del escriba o lecturas incongruentes, se ha puesto tras el error, en cursiva y entre paréntesis, el adverbio latino *(sic)*.
- Desarrollo de todas las abreviaturas salvo las contracciones en desuso que no ofrezcan dificultad de interpretación: *deste, destotra, daquí*...
- Traslado del signo tironiano *(&):* en latín siempre *et;* en castellano: *e,* hasta los Reyes Católicos (1474), *y* a partir de esa fecha. Pero cuando en un mismo texto el signo tironiano alterna con el empleo ocasional de la conjunción bajo una de las dos formas (*e, y*), se ha puesto la escogida por el escriba.
- En latín, mantenimiento estricto de *u* y *v;* en romance se han adaptado a su valor fonético.
- Hasta los Reyes Católicos la *n* con signo de nasal se ha transcrito *nn;* a partir de esa fecha, como *ñ*.
- También desde los Reyes Católicos se ha distinguido la *j* de la *i,* de acuerdo con la fonética.
- La *R* mayúscula, si no ha podido volcarse como tal, se ha puesto *rr* aunque no concuerde con las vigentes normas ortográficas.
- Separación de palabras según el modo actual.
- Amoldamiento a las modernas reglas de acentuación, puntuación y uso de mayúsculas y minúsculas.
- Los fragmentos reconstruidos van entre corchetes [ ].
- Las letras o palabras interlineadas o al margen figuran entre paréntesis y con la oportuna advertencia en cursiva: (*al margen:* in nomine), (*interlineado:* maravedís)...
- Análogo trato para rúbricas o signos: *(crismón), (signo), (cruz)*...
- La barra / señala los saltos de página.

LÁMINA 1

1179, junio. Molina de Aragón (Guadalajara).

Carta de donación de Valtablado del Río hecha por el conde don Pedro a García, Pascasio y Toda Alberit.

AHN, Órdenes militares, cp. 98, doc. 1.

(Crismón) In nomine Domini amen.

Tam presentibus quam futuris manifestum fieri uolo quod ego comes P[etrus] do uobis Garsia de Alberit et fratri uestro Pascasio de Alberit et filia uestra dona Toda Ualtablado del castello aiuso cum las aquas uertent usque ad uadum de Focenteio. Do unquam uobis predictam hereditatem cum montibus, fontibus, pratis, ingresibus et egresibus ut habeatis et possideatis illam iure herereditario *(sic)* in perpetuum et habeatis potestatem uendendi, dandi, cambiandi et faciatis de ea quicquid uobis placuerit.

Et qui hanc cartam uel istum meum factum ex mea progenie uel aliena disrrumpere uoluerit sit excomunicatus et maledictus in Inferno damnatus et pectet in coto mille solidos.

Facta carta in Molina mensse iunis Era MCCXVII.

Et ego comes P[etrus], qui hanc cartam fieri iussi, propia manu roboro et confirmo.

Huius rei isti sunt testes:

(Primera columna de testigos) Don Melendo, maiordomus, testis. G[arsia] Dias, alferis, testis. Munio Sancii, senior in Molina, testis. Don Ladron testis. Frater P[etro] testis. Frater *(roto)* testis.

(Segunda columna de testigos) Frater Pelaez testis. Gomez Pelaez testis. Martinus Coua testis. P[etro] Coua testis. Lope Vetus testis. Diago Petrus testis.

(Roto) -rus de Guzman scripssit.

EJERCICIO RESUELTO 1

(*Crismón*) In nomine Domini amen.

Tam presentibus quam futuris manifestum fieri uolo quod ego comes P[etrus] do uobis Garsia de Alberit et fratri uestro Pascasio de Alberit et filia uestra dona Toda Ualtablado del castello aiuso cum las aquas uertent usque ad uadum de Focenteio. Do unquam uobis predictam hereditatem cum montibus, fontibus, pratis, ingresibus et egresibus ut habeatis et possideatis illam iure herereditario (*sic*) in perpetuum et habeatis potestatem uendendi, dandi, cambiandi et faciatis de ea quicquid uobis placuerit.

Et qui hanc cartam uel istum meum factum ex mea progenie uel aliena disrumpere uoluerit sit excomunicatus et maledictus in Inferno damnatus et pectet in coto mille solidos.

Facta carta in Molina mensse iunis Era MCCXVII.

Et ego comes P[etrus] qui hanc cartam fieri iussi propia manu roboro et confirmo.

Huius rei isti sunt testes:

(*Primera columna de testigos*) Don Melendo, maiordomus, testis. G[arsia] Dias, alferis, testis. Munio Sancii, senior in Molina, testis. Don Ladron testis. Frater P[etro] testis. Frater (*roto*) testis.

(*Segunda columna de testigos*) Frater Pelaez testis. Gomez Pelaez testis. Martinus Coua testis. P[etro] Coua testis. Lope Vetus testis. Diago Petrus testis.

(*Roto*) -rus de Guzman scripssit.

PROTOCOLO:
- Invocación: línea 1.
- Intitulación: 2 (ego comes Petrus).
- Dirección: 2-3 (Garsia de Alberit... ...dona Toda).

CUERPO:
- Notificación: 2 (Tam presentibus... ...uolo quod).
- Disposición: 2 (do) y 3-7 (Ualtablado... ...placuerit).
- Cláusula sancionativa penal: 8-10.
- Cláusulas corroborativas: 12-13.
- Cláusula corroborativa: 19.

ESCATOCOLO:
- Data tópica: 11 (Facta carta in Molina).
- Data crónica: 11 (mensse iunis Era MCCXVII).
- Elementos de validación y autenticación:
  Listas de testigos: 14-18.

LÁMINA 2

1189.

Carta de venta otorgada por Fernando Núñez y su mujer a la abadesa del monasterio de San Pedro de Ramirás, Urraca Pérez, de una heredad en Padrenda.

AHN, Clero, cp. 519, doc. 5.

In Dei nomine.

Ego Fernandus Nunoni cum uxore mea Sancia Petri facio kartam uenditionis tibi Urraca Petri et Domine Ramiranensi de hereditate propria quam habeo in uilla que uocatur Pradaneda. Do uobis casalem ipsum quem habeo uel quantum habere debeo in uilla ipsa per precio uisto quod a uobis accipio, uidelicet: unum equum in X^{m} aureos et V^{e} morabitinos in denariis et hereditatem in XX^{m} aureos appreciatam in Sauizedo ultra flumem Limie et in Sancto Laurentio iusta Porcariam. Do uobis hereditatem prefatam ut absque ulla contraditione habeatis, possideatis cuicumque uolueritis dimitatis.

Si quis autem uenerit tam de propinquis quam de extraneis qui hoc scriptum infringere attemtauerit, quantum quesierit in duplum reddere cogitur et in super uoci regie C^{m} aureos persoluat.

Facta karta uenditionis sub Era M^{a}CC^{a}XX^{a}VII^{a}.

Ego Ferrandus Nunoni cum uxore mea Sancia Petri tibi Orraca Petri et Domine Ramiranensi hanc kartam manibus meis roboro.

Rege Fernando Legione regnante, comite Uelasco Limiam tenente, Adefonso episcopo Aurie presidente, Pelagio IIII° abbate Cellenoue residente.

Sunt testes:

(Primera columna de testigos) Arias testis. Pelagius testis. Fernandus testis.

(Segunda columna de confirmantes) Petrus confirmans. Gomezus confirmans. Ordonius confirmans.

Iohannis notuit *(signo)*.

EJERCICIO RESUELTO 2

In Dei nomine.
Ego Fernandus Nunoni cum uxore mea Sancia Petri facio kartam uenditionis tibi Urraca Petri et Domine Ramiranensi de hereditate propria quam habeo in uilla que uocatur Pradaneda. Do uobis casalem ipsum quem habeo uel quantum habere debeo in uilla ipsa per precio uisto quod a uobis accipio, uidelicet: unum equum in X^m aureos et V^e morabitinos in denariis et hereditatem in XX^m aureos appreciatam in Sauizedo ultra flumem Limie et in Sancto Laurentio iusta Porcariam. Do uobis hereditatem prefatam ut absque ulla contraditione habeatis, possideatis cuicumque uolueritis dimitatis.
Si quis autem uenerit tam de propinquis quam de extraneis qui hoc scriptum infringere attemtauerit, quantum quesierit in duplum reddere cogitur et in super uoci regie C^m aureos persoluat.
Facta karta uenditionis sub Era $M^aC^aXX^aVII^a$.
Ego Ferrandus Nunoni cum uxore mea Sancia Petri tibi Orraca Petri et Domine Ramiranensi hanc kartam manibus meis roboro.
Rege Fernando Legione regnante, comite Uelasco Limiam tenente, Adefonso episcopo Aurie presidente, Pelagio IIII° abbate Cellenoue residente.
Sunt testes:
(*Primera columna de testigos*) Arias testis. Pelagius testis. Fernandus testis.
(*Segunda columna de confirmantes*) Petrus confirmans. Gomezus confirmans. Ordonius confirmans.
Iohannis notuit (*signo*).

PROTOCOLO:
- Invocación: (1)
- Intitulación: (2)
- Dirección: (2-3)

CUERPO:
- Disposición: (2 y 3-8)
- Cláusula sancionativa penal: (9-11)
- Cláusulas corroborativas: (13-14, 17 y 21)

ESCATOCOLO:
- Data crónica: (12 y 15-16)
- Elementos de validación y autenticación:
  a) Columna de testigos. (18)
  b) Columna de confirmantes. (19-20)
  c) Signo del escribano. (21)

LÁMINA 3

1273, julio, 3. Guadalajara.

Privilegio rodado de Alfonso X por el que confirma otro signado de Alfonso VII que concedía facultad al obispo de Segovia, Juan, para poblar libremente su heredad de Pozolos.

Archivo Capitular de Segovia, Pergaminos, carpeta 7, doc. 13.

(Crismón) Sepan quantos este privilegio vieren e oyeren cómo nos don Alfonso, por la gracia de Dios rey de Castiella, de León, de Gallizia, de Sevilla, de Córdova, de Murcia, de Iahén e del Algarve, viemos privilegio de don Alfonso, emperador de Espanna, e de su fiio el rey don Sancho, seellado del seello del emperador e fecho en esta guisa:

«In nomine Domini Nostri Ihesuchristi ego Aldeffonsus, tocius Hispanie imperator, et ego rex Sancius, filius eius, concedimus uobis domine Iohannes, Secobiensis ecclesie episcope, atque plenam et liberam potestatem perpetuo habendam tradimus ut in illa hereditate uestra de Pozolos populacionem faciatis collazos quoscumque et quocumque et undecumque coadunare potueritis. Ibidem uestro dominio et uestris legibus et constitucionibus subditos iure hereditario quiete et in pace possideatis. Et omnino eandem potestatem siue dominium et ius possessionis quod in uillis siue hominibus de Torogano aut de Sotesalbos habetis in predicta villa siue hominibus uos omnesque successores uestri semper sine omni contradictione habeatis.

Si quis autem hoc datum nostrum impedire uel disturbare uoluerit, sciat se iram nostram incurrere et pro tali presumpcione penam non posse effugere insuper sit a Deo maledictus et in inferno cum Iuda proditore dampnatus nisi digne emendauerit et pectet regie parti mille morabetinos et hereditatem dupplatam domino suo restituat.

Ffacta carta VIIº idus decembris Era MªCªLXXXªVIIª imperante Aldeffonso imperatore in Toleto, Legione, Saragocia, Naiara, Castella, Gallecia.

Ego Aldeffonsus imperator hanc cartam quam iussi fieri confirmo et manu mea roboro.»

E nos el sobredicho rey don Alfonso, regnant en uno con la reyna donna Yoland mi mugier e con nostros fiios el infante don Fferrando, primero e heredero, e con don Sancho e don Pedro e don Iohán e don Iaymes en Castiella, en Toledo, en León, en Gallizia, en Sevilla, en Córdova, en Murcia, en Iahén, en Baeça, en Badalloz e en el Algarve, otorgamos este privilegio e confirmámoslo e mandamos que vala assí como valió en tiempo del emperador sobredicho e de los otros reyes e en el nuestro fasta aquí. E por que sea firme e estable mandámoslo seellar con nuestro seello de plomo.

Ffecho el privilegio en Guadalfaiara lunes tres días andados del mes de iulio en Era de mill e trezientos e onze annos.

(Confirmación de infantes, arzobispos y príncipes extranjeros) Don Sancho, arçobispo de Toledo, chançeler de Castiella e cappellán mayor del rey, confirma. Don Remondo, arçobispo de Sevilla, confirma. El inffante don Ffredic, confirma. Don Guillem, marqués de Montfferrat, vassallo del rey, confirma. Don Yago, duc de Bergonna (*sic:* Borgonna), vassallo del rey, confirma. Don Henrri, duc de Loregne, vassallo del rey, confirma. Don Loys, fiio del rey Iohán sacre emperador de Costantinopla e de la emperatriz donna Berenguella, comde de Belmont, vassallo del rey, confirma. Don Iohán, fiio del emperador e de la emperatriz sobre-

dichos, comde de Monfort, vassallo del rey, confirma. Don Gastón, bizcomde de Beart (*sic:* Bearn), vassallo del rey, confirma. Don Gonçalvo, arçobispo de Sanctiago, confirma.

(Primera columna de confirmantes) La eglesia de Burgos, vaga. Don Thello, obispo de Palencia, confirma. Don Fferrando, obispo de Segovia, confirma. La eglesia de Sigũença, vaga. Don Agostín, obispo de Osma, confirma. Don Gonçalvo, electo de Cuenca, confirma. La eglesia de Ávila, vaga. Don Vivián, obispo de Calahorra, confirma. Don Fferrando, obispo de Córdova, confirma. Don Pedro, obispo de Palencia (*sic:* Plasencia), confirma. Don Pascual, obispo de Iahén, confirma. La eglesia de Cartagena, vaga. Don ffray Iohán, obispo de Cáliz (*sic*), confirma. Don Iohán Gonçálvez, maestre de la orden de Calatrava, confirma.

(*Segunda columna de confirmantes*) Don Alffonso, fiio del inffante don Alffonso de Molina, confirma. Don Simón Royz de los Cameros, confirma. Don Iohán Alffonso de Haro, confirma. Don Fferrand Royz de Castro, confirma. Don Pedro Cornel de Aragón, confirma. Don Gutier Suárez de Meneses, confirma. Don Alffonso Théllez de Villalva, confirma. Don Rodrigo Gonçálvez de Cisneros, confirma. Don Gómez Royz Maçanedo, confirma. Don Diego López de Haro, confirma. Don Fferrand Pérez de Guzmán, confirma. Don Henrrique Pérez, repostero mayor del rey e adelantado en el regno de Murcia por el inffante don Fferrando, confirma. Don Diego López de Salzedo, adelantado en Álava e Guipuzcua, confirma.

(Leyenda interior de la rueda) Signo del rey don Alfonso.

(Leyenda exterior de la rueda) (Cruz) El infante don Ferrando fiio mayor del rey e su mayordomo, confirma. (*Cruz*) El infante don Manuel, ermano del rey e su alférez, confirma.

(Tercera columna de confirmantes) Don Martín, obispo de León, confirma. La eglesia de Oviedo, vaga. Don Suero, obispo de Çamora, confirma. La eglesia de Salamanca, vaga. Don Melendo, obispo de Astorga, confirma. Don Pedro, electo de Cibdat, confirma. Don Fferrando, obispo de Lugo, confirma. Don Iohán, obispo de Orense, confirma. Don Gil, obispo de Túy, confirma. Don Munno, obispo de Mendonnedo (*sic:* Mondonnedo), confirma. Don Gonçalvo, obispo de Coria, confirma. Don ffray Bartholomé, obispo de Silves, confirma. Don ffray Lorenço, obispo de Badalloz, confirma. Don Pelay Pérez, maestre de la orden de Sanctiago, confirma. Don Garcí Ferrández, maestre de la orden de Alcántara, confirma. Don Garcí Ferrández, maestre de la orden del Temple, confirma.

(Cuarta columna de confirmantes) Don Alffonso Ferrández, fiio del rey e sennor de Molina, confirma. Don Rodrigo Yvannes, pertiguero de Sanctiago, confirma. Don Fferrand Pérez Ponç, confirma. Don Gil Martínez de Portogal, confirma. Don Martín Gil, su fiio, confirma. Don Iohán Ferrández Batissela, confirma. Don Ramir Díaz de Cientfuentes, confirma. Don Roy Gil de Villalobos, confirma.

(Confirmación de los notarios mayores de los reinos) Garcí Domínguez, notario del rey en la Andaluzía, confirma. Maestre Fferrando, electo de Oviedo e notario del rey en León, confirma.

Millán Pérez de Aellón lo fizo escrivir por mandado del rey en el anno de veynte dos que el rey sobredicho regnó. Pedro García de Toledo lo escrivió.

EJERCICIO RESUELTO 3

Primera parte: análisis del documento completo

Invocación (protocolo):

(Crismón)

Notificación (cuerpo):

Sepan

Dirección (protocolo):

quantos este privilegio vieren e oyeren cómo

Intitulación (protocolo):

nos don Alfonso, por la gracia de Dios rey de Castiella, de León, de Gallizia, de Sevilla, de Córdova, de Murcia, de Iahén e del Algarve,

Exposición (cuerpo):

viemos privilegio de don Alfonso, emperador de Espanna, e de su fiio el rey don Sancho, seellado del seello del emperador e fecho en esta guisa:

«In nomine Domini Nostri Ihesuchristi ego Aldeffonsus, tocius Hispanie imperator, et ego rex Sancius, filius eius, concedimus uobis domine Iohannes, Secobiensis ecclesie episcope, atque plenam et liberam potestatem perpetuo habendam tradimus ut in illa hereditate uestra de Pozolos populacionem faciatis collazos quoscumque et quocumque et undecumque coadunare potueritis. Ibidem uestro dominio et uestris legibus et constitucionibus subditos iure hereditario quiete et in pace possideatis. Et omnino eandem potestatem siue dominium et ius possessionis quod in uillis siue hominibus de Torogano aut de Sotesalbos habetis in predicta villa siue hominibus uos omnesque successores uestri semper sine omni contradictione habeatis.

Si quis autem hoc datum nostrum impedire uel disturbare uoluerit, sciat se iram nostram incurrere et pro tali presumpcione penam non posse effugere insuper sit a Deo maledictus et in inferno cum Iuda proditore dampnatus nisi digne emendauerit et pectet regie parti mille morabetinos et hereditatem dupplatam domino suo restituat.

Ffacta carta VIIº idus decembris Era MªCªLXXXªVIIª imperante Aldeffonso imperatore in Toleto, Legione, Saragocia, Naiara, Castella, Gallecia.

Ego Aldeffonsus imperator hanc cartam quam iussi fieri confirmo et manu mea roboro.»

Disposición (cuerpo):

Comienza con una nueva intitulación:

E nos el sobredicho rey don Alfonso, regnant en uno con la reyna donna Yoland mi mugier e con nostros fiios el infante don Fferrando, primero e heredero, e con don Sancho e don Pedro e don Iohán e don Iaymes en Castiella, en Toledo, en León, en Gallizia, en Sevilla, en Córdova, en Murcia, en Iahén, en Baeça, en Badalloz e en el Algarve,

Y continúa la disposición propiamente dicha:

otorgamos este privilegio e confirmámoslo e mandamos que vala assí como valió en tiempo del emperador sobredicho e de los otros reyes e en el nuestro fasta aquí.

Cláusula corroborativa (cuerpo):

E por que sea firme e estable mandámoslo seellar con nuestro seello de plomo.

Data tópica (escatocolo):

Ffecho el privilegio en Guadalfaiara

Data crónica (escatocolo):

lunes tres días andados del mes de iulio en Era de mill e trezientos e onze annos.

Elementos de validación y autenticación, listas de confirmantes (escatocolo):

(Confirmación de infantes, arzobispos y príncipes extranjeros) Don Sancho, arçobispo de Toledo, chançeler de Castiella e cappellán mayor del rey, confirma. Don Remondo, arçobispo de Sevilla, confirma. El inffante don Ffredic, confirma. Don Guillem, marqués de Montfferrat, vassallo del rey, confirma. Don Yago, duc de Bergonna (*sic:* Borgonna), vassallo del rey, confirma. Don Henrri, duc de Loregne, vassallo del rey, confirma. Don Loys, fiio del rey Iohán sacre emperador de Costantinopla e de la emperatriz donna Berenguella, comde de Belmont, vassallo del rey, confirma. Don Iohán, fiio del emperador e de la emperatriz sobredichos, comde de Monfort, vassallo del rey, confirma. Don Gastón, bizcomde de Beart (*sic:* Bearn), vassallo del rey, confirma. Don Gonçalvo, arçobispo de Sanctiago, confirma.

(Primera columna de confirmantes) La eglesia de Burgos, vaga. Don Thello, obispo de Palencia, confirma. Don Fferrando, obispo de Segovia, confirma. La eglesia de Sigüença, vaga. Don Agostín, obispo de Osma, confirma. Don Gonçalvo, electo de Cuenca, confirma. La eglesia de Ávila, vaga. Don Vivián, obispo de Calahorra, confirma. Don Fferrando, obispo de Córdova, confirma. Don Pedro, obispo de Palencia (*sic:* Plasencia), confirma. Don Pascual, obispo de Iahén, confirma. La eglesia de Cartagena, vaga. Don ffray Iohán, obispo de Cáliz *(sic)*, confirma. Don Iohán Gonçálvez, maestre de la orden de Calatrava, confirma.

(Segunda columna de confirmantes) Don Alffonso, fiio del inffante don Alffonso de Molina, confirma. Don Simón Royz de los Cameros, confirma. Don Iohán Alffonso de Haro, confirma. Don Fferrand Royz de Castro, confirma. Don Pedro Cornel de Aragón, confirma. Don Gutier Suárez de Meneses, confirma. Don Alffonso Théllez de Villalva, confirma. Don Rodrigo Gonçálvez de Cisneros, confirma. Don Gómez Royz Maçanedo, confirma. Don Diego López de Haro, confirma. Don Fferrand Pérez de Guzmán, confirma. Don Henrrique Pérez, repostero mayor del rey e adelantado en el regno de Murcia por el inffante don Fferrando, confirma. Don Diego López de Salzedo, adelantado en Álava e Guipuzcua, confirma.

Elementos de validación y autenticación, rueda (escatocolo):

(Leyenda interior de la rueda) Signo del rey don Alfonso.

(Leyenda exterior de la rueda) (Cruz) El infante don Ferrando fiio mayor del rey e su mayordomo, confirma. *(Cruz)* El infante don Manuel, ermano del rey e su alférez, confirma.

Elementos de validación y autenticación, listas de confirmantes (escatocolo):

(Tercera columna de confirmantes) Don Martín, obispo de León, confirma. La eglesia de Oviedo, vaga. Don Suero, obispo de Çamora, confirma. La eglesia de Salamanca, vaga. Don Melendo, obispo de Astorga, confirma. Don Pedro, electo de Cibdat, confirma. Don Fferrando, obispo de Lugo, confirma. Don Iohán, obispo de Orense, confirma. Don Gil,

obispo de Túy, confirma. Don Munno, obispo de Mendonnedo (*sic:* Mondonnedo), confirma. Don Gonçalvo, obispo de Coria, confirma. Don ffray Bartholomé, obispo de Silves, confirma. Don ffray Lorenço, obispo de Badalloz, confirma. Don Pelay Pérez, maestre de la orden de Sanctiago, confirma. Don Garcí Ferrández, maestre de la orden de Alcántara, confirma. Don Garcí Ferrández, maestre de la orden del Temple, confirma.

(Cuarta columna de confirmantes) Don Alffonso Ferrández, fiio del rey e sennor de Molina, confirma. Don Rodrigo Yvannes, pertiguero de Sanctiago, confirma. Don Fferrand Pérez Ponç, confirma. Don Gil Martínez de Portogal, confirma. Don Martín Gil, su fiio, confirma. Don Iohán Ferrández Batissela, confirma. Don Ramir Díaz de Cientfuentes, confirma. Don Roy Gil de Villalobos, confirma.

(Confirmación de los notarios mayores de los reinos) Garcí Domínguez, notario del rey en la Andaluzía, confirma. Maestre Fferrando, electo de Oviedo e notario del rey en León, confirma.

Cláusula corroborativa (cuerpo):
Millán Pérez de Aellón lo fizo escrivir por mandado del rey

Data crónica (escatocolo):
en el anno de veynt e dos que el rey sobredicho regnó.

Cláusula corroborativa (cuerpo):
Pedro García de Toledo lo escrivió.

Segunda parte: estudio por separado del documento inserto

Invocación (protocolo):
In nomine Domini Nostri Ihesuchristi

Intitulación (protocolo):
ego Aldeffonsus, tocius Hispanie imperator, et ego rex Sancius, filius eius,

Disposición (cuerpo):
concedimus

Dirección (protocolo):
uobis domine Iohannes, Secobiensis ecclesie episcope,

Continúa la disposición (cuerpo):
atque plenam et liberam potestatem perpetuo habendam tradimus ut in illa hereditate uestra de Pozolos populacionem faciatis collazos quoscumque et quocumque et undecumque coadunare potueritis. Ibidem uestro dominio et uestris legibus et constitucionibus subditos iure hereditario quiete et in pace possideatis. Et omnino eandem potestatem siue dominium et ius possessionis quod in uillis siue hominibus de Torogano aut de Sotesalbos habetis in predicta villa siue hominibus uos omnesque successores uestri semper sine omni contradictione habeatis.

Cláusula sancionativa penal (cuerpo):

Si quis autem hoc datum nostrum impedire uel disturbare uoluerit, sciat se iram nostram incurrere et pro tali presumpcione penam non posse effugere insuper sit a Deo maledictus et in inferno cum Iuda proditore dampnatus nisi digne emendauerit et pecter regie parti mille morabetinos et hereditatem dupplatam domino suo restituat.

Data crónica (escatocolo):

Ffacta carta VII° idus decembris Era M^{a}C^{a}LXXX^{a}VII^{a} imperante Aldeffonso imperatore in Toleto, Legione, Saragocia, Naiara, Castella, Gallecia.

Cláusula corroborativa (cuerpo):

Ego Aldeffonsus imperator hanc cartam quam iussi fieri confirmo et manu mea roboro.

LÁMINA 4

1293, marzo, 8. Palencia.

Carta abierta de Sancho IV por la que concede al concejo de Córdoba las villas de Luque, Baena y Zuheros.

Archivo Municipal de Córdoba, pergamino 75.

Sepan quantos esta carta vieren cómmo nos don Sancho por la graçia de Dios rrey de Castiella, de Toledo, de León, de Gallizia, de Sevilla, de Córdova, de Murçia, de Iahén e del Algarbe, por muchos serviçios que vos el conçeio de la noble çibdat de Córdova ffiziestes al rrey don Fferrando nuestro avuelo e al rrey don Alffonsso nuestro padre e a nos ante que rregnássemos e después que rregnamos, et porque el inffante don Iohán nuestro hermano se levantó contra nos e contra nuestro sennorío muy ffalssamientre e commo non devíe por deseredar a nos e a la rreyna mi mugier e a nuestros ffiios, non conosçiendo muchas merçedes que nos le ffiziemos e sennaladamientre que le sacáramos de la prisión onde non deviera salir por los sus mereçimientos e desconoçiéndose contra nos, dámosvos e otorgámosvos las villas de Baena e de Luque e de Çuheros con sus castiellos e con todos sus términos e con montes e con ffuentes, con rríos, con exidos, con entradas e con salidas e con todas sus pertenençias quantas an e deven aver, que las ayades e que sean vuestro término para sienpre iamás salvo ende que los alcaydes que estos castillos tovieren que sean nuestros vassallos e vuestros vezinos e que los tengan por nos; et vos que les paguedes las tenençias segunt que lo nos ordenáremos. Et que pongades vos ý alcaldes e alguaziles por nos e por vos assí commo en los otros lugares de vuestro término, e que se iudguen por aquel mismo ffuero que vos avedes. Et punnat en las cobrar e en las aver. E nos otorgámosvos de vos las nunca toller e de las non dar al inffante don Iohán nin a otro ninguno.

Et desto vos mandamos dar esta nuestra carta seellada con nuestro seello de çera colgado, en que escriviemos nuestro nombre con nuestra mano.

Dada en Palençia ocho días de março Era de mill e trezientos e treynta e un años.

Nos el rrey don Sancho.

(Sello de cera pendiente).

EJERCICIO RESUELTO 4

NOTIFICACIÓN (CUERPO): Sepan

DIRECCIÓN (PROTOCOLO): quantos esta carta vieren cómmo

INTITULACIÓN (PROTOCOLO): nos don Sancho por la graçia de Dios rrey de Castiella, de Toledo, de León, de Gallizia, de Sevilla, de Córdova, de Murçia, de Iahén e del Algarbe,

EXPOSICIÓN (CUERPO): por muchos serviçios que... ...por los sus mereçimientos e desconoçiéndose contra nos,

DISPOSICIÓN (CUERPO): dámosvos e otorgámosvos las villas... ...e que sean vuestro término para sienpre iamás

CLÁUSULA SANCIONATIVA RESERVATIVA (CUERPO): salvo ende que los alcaydes... ...segunt que lo nos ordenáremos.

CONTINÚA LA DISPOSICIÓN (CUERPO): Et que pongades vos ý alcaldes... ...al inffante don Iohán nin a otro ninguno.

CLÁUSULA CORROBORATIVA (CUERPO): Et desto vos mandamos dar esta nuestra carta seellada con nuestro seello de çera colgado, en que escriviemos nuestro nombre con nuestra mano.

DATA TÓPICA (ESCATOCOLO): Dada en Palençia

DATA CRÓNICA (ESCATOCOLO): ocho días de março Era de mill e trezientos e treynta e un años.

ELEMENTOS DE VALIDACIÓN Y AUTENTICACIÓN, SUSCRIPCIÓN REAL (ESCATOCOLO): Nos el rrey don Sancho.

ELEMENTOS DE VALIDACIÓN Y AUTENTICACIÓN, SELLO (ESCATOCOLO): *(Sello de cera pendiente).*

LÁMINA 5

1439, marzo, 25.

Albalá de merced por el que Juan II nombra a Juan de León su consejero.

AHN, Nobleza, Osuna, caja 116, doc. 57.

Yo el rrey por fazer bien e merçed a vos don Iohán de León, mi vasallo, fiio de don Pero Ponçe de León, conde de Medellín, mi vasallo e del mi Conseio, considerada vuestra persona e linaie e prudençia e confiando de vuestra grand lealtad, es mi merçed que de aquí adelante seades del mi Conseio e ayades el dicho ofiçio e dignidad e podades usar e usedes dél segunt que cada uno de los otros del mi Conseio, e que ayades e vos sean guardadas todas las preheminençias, prerrogativas, honrras e libertades que por ser del mi Conseio devedes aver, e podades gosar e gosedes dellas e vos sean guardadas bien e conplidamente e segunt que las han e deven aver cada uno de los otros del mi Conseio.

E mando al prínçipe don Enrrique mi fiio primogénito heredero e a los duques, condes, rricosomes, maestres de las órdenes, cavalleros e doctores del mi Conseio e a los mis rreferendarios e a cada uno dellos, e a todos los otros mis súbditos e naturales, de qualquier estado o condiçión, preheminençia o dignidad que sean, que vos ayan e rresçiban por uno de los del mi Conseio e usen con vos en el dicho ofiçio e dignidad e vos guarden e fagan guardar todas las cosas susodichas e cada una dellas bien e conplidamente. De lo qual vos mandé dar este mi alvalá firmado de mi nonbre.

Fecho veynte e çinco días de março anno del nasçimiento del Nuestro Sennor Ihesuchristo de mill e quatroçientos e treynta e nueve annos.

Yo el rrey *(rúbrica)*.

Yo el dottor Fernando Días de Toledo, oydor e rreferendario del rrey e su secretario, lo fise escrivir por su mandado *(rúbrica)*.

Que don Iuan de León sea del Conseio.

(Sello de placa al dorso).

EJERCICIO RESUELTO 5

Yo el rrey por fazer bien e merçed a vos don Iohán de León, mi vasallo, fiio de don Pero

INTITULACIÓN (PROTOCOLO) — EXPOSICIÓN (CUERPO) — DIRECCIÓN (PROTOCOLO)

Ponçe de León, conde de Medellín, mi vasallo e del mi Conseio, considerada vuestra

DIRECCIÓN (PROTOCOLO) — EXPOSICIÓN (CUERPO)

persona e linaie e prudençia e confiando de vuestra grand lealtad, es mi merçed que de

EXPOSICIÓN (CUERPO)

aquí adelante seades del mi Conseio e ayades el dicho ofiçio e dignidad e podades usar e usedes dél segunt que cada uno de los otros del mi Conseio, e que ayades e vos sean guardadas todas las preheminençias, prerrogativas, honrras e libertades que por ser del mi Conseio devedes aver, e podades gosar e gosedes dellas e vos sean guardadas bien e conplidamente e segunt que las han e deven aver cada uno de los otros del mi Conseio.

DISPOSICIÓN (CUERPO)

E mando al prínçipe don Enrrique mi fiio primogénito heredero e a los duques, condes, rricosomes, maestres de las órdenes, cavalleros e doctores del mi Conseio e a los mis rreferendarios e a cada uno dellos, e a todos los otros mis súbditos e naturales, de qualquier estado o condiçión, preheminençia o dignidad que sean, que vos ayan e rresçiban por uno de los del mi Conseio e usen con vos en el dicho ofiçio e dignidad e vos guarden e fagan guardar todas las cosas susodichas e cada una dellas bien e conplidamente.

CLÁUSULA SANCIONATIVA PRECEPTIVA (CUERPO)

De lo qual vos mandé dar este mi alvalá firmado de mi nonbre.

CLÁUSULA CORROBORATIVA (CUERPO)

Fecho veynte e çinco días de março anno del nasçimiento del Nuestro Sennor Ihesuchristo de mill e quatroçientos e treynta e nueve annos.

DATA CRÓNICA (ESCATOCOLO)

Yo el rrey (*rúbrica*). ELEMENTOS DE VALIDACIÓN Y AUTENTICACIÓN, FIRMA REAL (ESCATOCOLO)

Yo el dottor Fernando Días de Toledo, oydor e rreferendario del rrey e su secretario, lo fise escrivir por su mandado (*rúbrica*). ELEMENTOS DE VALIDACIÓN Y AUTENTICACIÓN, REFRENDO DEL SECRETARIO (ESCATOCOLO)

Que don Iuan de León sea del Conseio. BREVETE

(*Sello de placa al dorso*). ELEMENTOS DE VALIDACIÓN Y AUTENTICACIÓN, SELLO (ESCATOCOLO)

LÁMINA 6

1470, mayo, 12. La Adrada (Ávila).

Carta de merced de Enrique IV por la que confirma todos los privilegios concedidos a Escalona por sus antepasados.

AME, Administración, Pleitos, libro 5, doc. M.

Don Enrrique, por la graçia de Dios rrey de Castilla, de León, de Toledo, de Gallisia, de Sevilla, de Córdova, de Murçia, de Iahén, del Algarbe, de Algesira e de Gibraltar, e sennor de Viscaya e de Molina, por quanto al tienpo que la villa d'Escalona me fue entregada el doctor Garçí Lopes de Madrid, en mi nonbre e por virtud de los poderes que de mí tenía, seguró e prometió a vos el conçeio, alcaldes, alguasil, rregidores, cavalleros, escuderos, ofiçiales e ommes buenos de la dicha villa d'Escalona que vos yo confirmaría vuestros previlleios e buenos usos e costunbres que de los rreyes de gloriosa memoria mis progenitores e de mí tenedes. E por parte vuestra me es suplicado que vos yo mande dar mi carta de confirmaçión dello.

Por ende yo, por vos faser bien e merçed e porque mi voluntad es que lo que asý por el dicho doctor en mi nonbre vos fue prometido e segurado vos sea conplido e guardado, tóvelo por bien e por esta mi carta vos confirmo e apruevo, loo e rretifico e he por firmes e valederos los dichos vuestros previlleios e franquesas e esençiones e libertades e buenos usos e costunbres que esa dicha villa de los dichos rreyes mis progenitores e de mí tenedes, e quiero e mando que vos valan e sean guardados asý e segund e commo en tienpo de los dichos rreyes mis progenitores e en el mío fasta aquí vos han seýdo usados e guardados.

E por esta mi carta mando a los ynfantes, duques, condes, marqueses, rricosomes, maestres de las órdenes, priores, comendadores e a los del mi Conseio, oidores de la mi Audiençia, alcaldes e notarios e otras iustiçias qualesquier de la mi Casa e Corte e Chançillería, e a los subcomendadores, alcaydes de los castillos e casas fuertes e llanas e a todos los conçeios, alcaldes, alguasiles, rregidores, cavalleros, escuderos, ofiçiales e omes buenos de todas las çibdades, villas e lugares de los mis rregnos e sennoríos, que agora son o serán de aquí adelante e a cada uno dellos, que vos guarden e fagan guardar esta mi carta e confirmaçión que vos yo fago, en todo e por todo segund que en esta dicha mi carta se contiene, e que vos non vayan nin pasen nin consientan yr nin pasar contra ello nin contra parte dello agora nin de aquí adelante en tienpo alguno nin por alguna manera. E los unos nin los otros non fagades nin fangan ende ál por alguna manera so pena de la mi merçed e de privaçión de los ofiçios e de confiscaçión de los bienes de los que lo contrario fisieren para la mi cámara. E demás mando al omme que vos esta mi carta mostrare que vos enplase que parescades ante mí en la mi Corte doquier que yo sea, del día que vos enplasare fasta quinse días primeros seguientes so la dicha pena, so la qual mando a qualquier escrivano público que para esto fuere llamado, que dé ende al que ge la mostrare testimonio signado con su signo por que yo sepa cómmo se cunple mi mandado.

Dada en la villa del Adrada dose días de mayo anno del nasçimiento de Nuestro Sennor Ihesuchristo de mill e quatroçientos e setenta annos.

Yo el rrey *(rúbrica)*.

Yo Iohán de Oviedo, secretario del rrey nuestro sennor, la fise escrivir por su mandado *(rúbrica)*.

Confirmaçión de los previlleios que tiene Escalona.
(Al dorso sello de placa desprendido).

EJERCICIO RESUELTO 6

INTITULACIÓN (PROTOCOLO):

Don Enrrique, por la graçia de Dios rrey de Castilla, de León, de Toledo, de Gallisia, de Sevilla, de Córdova, de Murçia, de Iahén, del Algarbe, de Algesira e de Gibraltar, e sennor de Viscaya e de Molina,

EXPOSICIÓN (CUERPO):

por quanto al tienpo que la villa d'Escalona me fue entregada el doctor Garçí Lopes de Madrid, en mi nonbre e por virtud de los poderes que de mí tenía, seguró e prometió

DIRECCIÓN IMPLÍCITA EN LA EXPOSICIÓN (PROTOCOLO):

a vos el conçeio, alcaldes, alguasil, rregidores, cavalleros, escuderos, ofiçiales e ommes buenos de la dicha villa d'Escalona

CONTINÚA LA EXPOSICIÓN (CUERPO):

que vos yo confirmaría vuestros previlleios e buenos usos e costunbres que de los rreyes de gloriosa memoria mis progenitores e de mí tenedes. E por parte vuestra me es suplicado que vos yo mande dar mi carta de confirmaçión dello.

Por ende yo, por vos faser bien e merçed e porque mi voluntad es que lo que asý por el dicho doctor en mi nonbre vos fue prometido e segurado vos sea conplido e guardado,

DISPOSICIÓN (CUERPO):

tóvelo por bien e por esta mi carta vos confirmo e apruevo, loo e rretifico e he por firmes e valederos los dichos vuestros previlleios e franquesas e esençiones e libertades e buenos usos e costunbres que esa dicha villa de los dichos rreyes mis progenitores e de mí tenedes, e quiero e mando que vos valan e sean guardados asý e segund e commo en tienpo de los dichos rreyes mis progenitores e en el mío fasta aquí vos han seýdo usados e guardados.

CLÁUSULA SANCIONATIVA PRECEPTIVA (CUERPO):

E por esta mi carta mando a los ynfantes, duques, condes, marqueses, rricosomes, maestres de las órdenes, priores, comendadores e a los del mi Conseio, oidores de la mi Audiençia, alcaldes e notarios e otras iustiçias qualesquier de la mi Casa e Corte e Chançillería, e a los subcomendadores, alcaydes de los castillos e casas fuertes e llanas e a todos los conçeios, alcaldes, alguasiles, rregidores, cavalleros, escuderos, ofiçiales e omes buenos de todas las çibdades, villas e lugares de los mis rregnos e sennoríos, que agora son o serán de aquí adelante e a cada uno dellos, que vos guarden e fagan guardar esta mi carta e confirmaçión que vos yo fago, en todo e por todo segund que en esta dicha mi carta se contiene, e que vos non vayan nin pasen nin consientan yr nin pasar contra ello nin contra parte dello agora nin de aquí adelante en tienpo alguno nin por alguna manera.

CLÁUSULA SANCIONATIVA PROHIBITIVA (CUERPO):

E los unos nin los otros non fagades nin fangan ende ál por alguna manera

CLÁUSULA SANCIONATIVA PENAL (CUERPO):

so pena de la mi merçed e de privaçión de los ofiçios e de confiscaçión de los bienes de los que lo contrario fisieren para la mi cámara.

CLÁUSULA SANCIONATIVA DE EMPLAZAMIENTO (CUERPO):

E demás mando al omme que vos esta mi carta mostrare que vos enplase que parescades ante mí en la mi Corte doquier que yo sea, del día que vos enplasare fasta quinse días primeros seguientes so la dicha pena,

CLÁUSULA SANCIONATIVA DE CUMPLIMIENTO (CUERPO):

so la qual mando a qualquier escrivano público que para esto fuere llamado, que dé ende al que ge la mostrare testimonio signado con su signo por que yo sepa cómmo se cunple mi mandado.

DATA TÓPICA (ESCATOCOLO):

Dada en la villa del Adrada

DATA CRÓNICA (ESCATOCOLO):

dose días de mayo anno del nasçimiento de Nuestro Sennor Ihesuchristo de mill e quatroçientos e setenta annos.

ELEMENTOS DE VALIDACIÓN Y AUTENTICACIÓN, FIRMA REAL (ESCATOCOLO):

Yo el rrey *(rúbrica).*

ELEMENTOS DE VALIDACIÓN Y AUTENTICACIÓN, REFRENDO DEL ESCRIBANO (ESCATOCOLO):

Yo Iohán de Oviedo, secretario del rrey nuestro sennor, la fise escrivir por su mandado *(rúbrica).*

BREVETE:

Confirmaçión de los previlleios que tiene Escalona.

ELEMENTOS DE VALIDACIÓN Y AUTENTICACIÓN, SELLO (ESCATOCOLO):

(A la espalda sello de placa desprendido).

LÁMINA 7

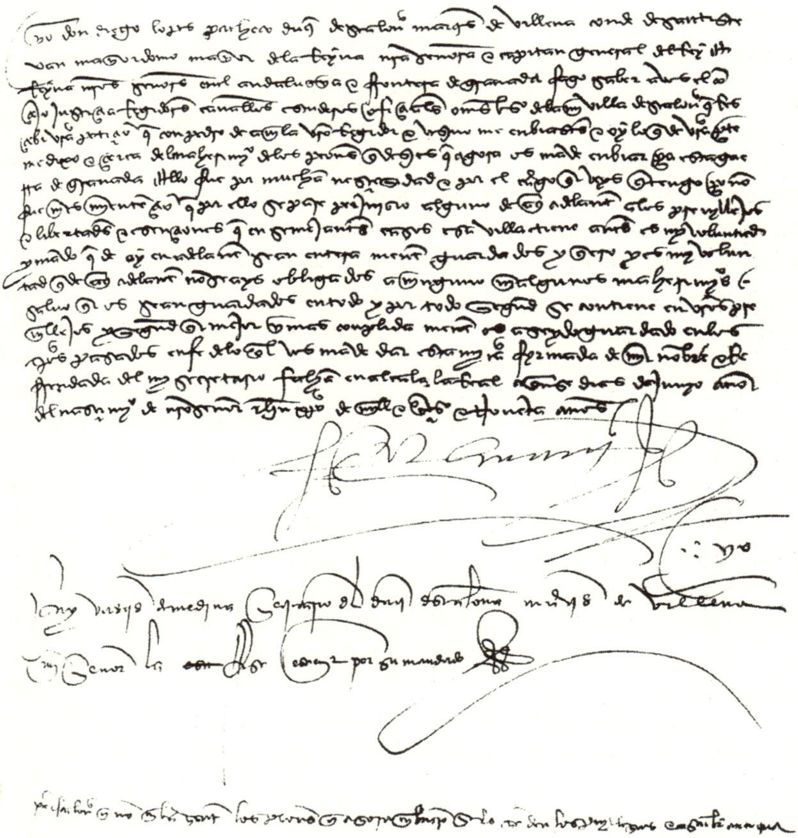

1490, junio, 15. Alcalá la Real (Jaén).

Provisión del marqués de Villena, Diego López Pacheco, confirmando la validez de las exenciones que gozaba la villa de Escalona sobre leva de soldados.

AME, Contabilidad, Miscelánea, libro único, f. 42.

Yo don Diego Lopes Pacheco, duque d'Escalona, marqués de Villena, conde de Santistevan, mayordomo mayor de la rreyna nuestra señora e capitán general del rrey e rreyna nuestros señores en el Andalusýa e frontera de Granada, fago saber a vos el conçejo, justiçia, rregidores, cavalleros, escuderos, ofiçiales, omes buenos de la mi villa d'Escalona, que rresçibí vuestra petiçión que con Pedro de Ávila, vuestro rregidor e vesino, me enbiastes, e oý lo que de vuestra parte me dixo.

E çerca del maherimiento de los peones que desíes que agora os mandé enbiar para esta guerra de Granada, ello fue por mucha nesçesidad e por el cargo que veys que tengo, pero non fue nin es mi entençión que por ello se pare prejuisio alguno de aquí adelante a los previllejos e libertades e esençiones que en semejantes casos esa villa tiene, antes es mi voluntad y mando que de oy en adelante sean enteramente guardados, y quiero y es mi voluntad que de aquí adelante non seáys obligados a ninguno nin algunos maherimientos, salvo que vos sean guardados en todo y por todo segund se contiene en vuestros previllejos y segund que mejor y más conplidamente os á seýdo guardado en los tienpos pasados.

En fe de lo qual vos mandé dar esta mi carta fyrmada de mi nonbre e rrefrendada del mi secretario.

Fecha en Alcalá la Real a quinse días de junio año del nasçimiento de Nuestro Señor Ihesuchristo de mill e quatroçientos e noventa años.

Yo marqués *(rúbrica).*

Yo Ruy Vasques de Medina, secretario del duque d'Escalona, marqués de Villena, mi señor la (*tachado:* esc) fise escrevir por su mandado *(rúbrica).*

Para Escalona, que non enbargante los peones que agora enbiaron, se le guarden los previllegios e costunbre antigua.

EJERCICIO RESUELTO 7

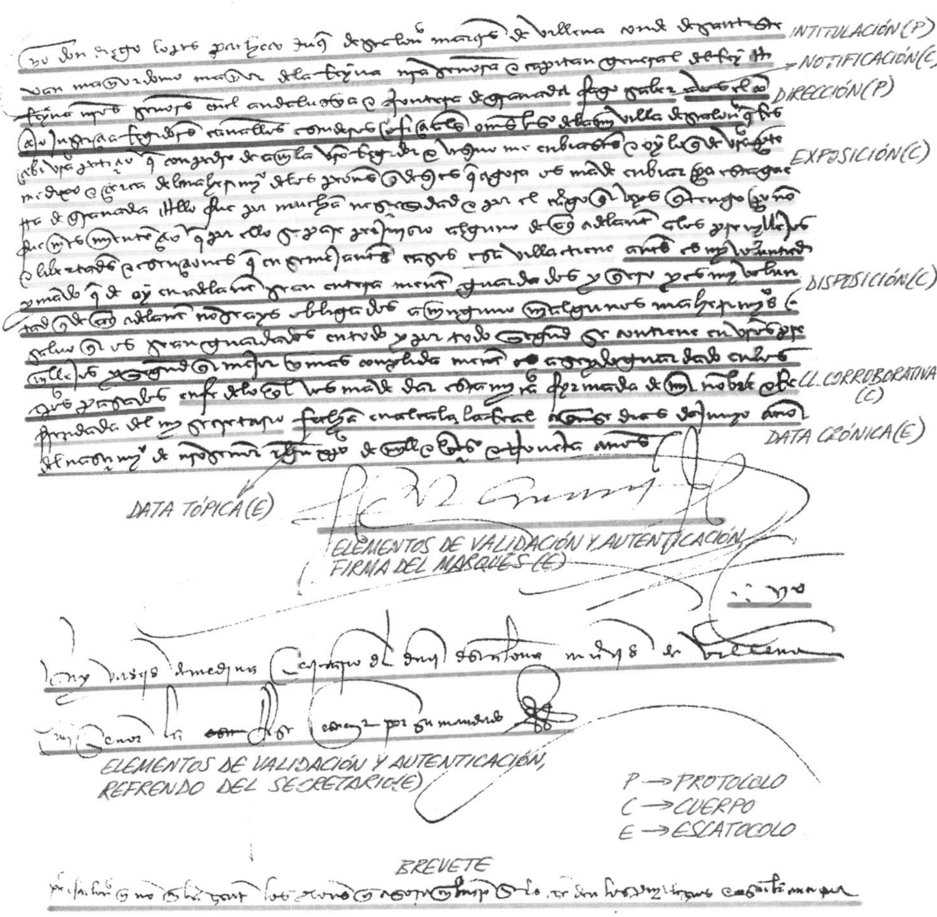

LÁMINA 8

1491, agosto, 23. Córdoba.

Registro de una provisión real de los Reyes Católicos para que las mujeres públicas de Córdoba paguen doce maravedís por las camas a los dueños de los prostíbulos.

AGS, Registro general del sello, 1491, agosto, doc. 175.

Don Fernando e doña Ysabel, etcétera, a vos, Françisco de Bovadilla, nuestro maestresala e corregidor de esta çibdad de Córdova, o a vuestro alcalde en el dicho ofiçio o a otro qualquier corregidor e alcaldes que de aquí adelante fueren en esta dicha çibdad e a cada uno o qualquier de vos a quien esta carta fuere mostrada o su traslado della signado de escrivano público, salud e graçia.

Sepades que el liçençiado Andrés Calderón, alcalde en nuestra Casa e Corte, ovo dado una sentençia en que mandó que por quanto las mugeres del mundo que estavan en el burdel desta dicha çibdad de Córdova pagavan e acostunbravan pagar cada un día por cada botica e cama de las que tenían, ellas davan en el dicho burdel medio real de plata, lo qual era mucho e las dichas mugeres reçebían agravio en ello, mandó que dende en adelante non pagasen salvo diez maravedís por cada una de las boticas e camas, de lo qual por parte del deán e cabildo de la yglesia de Córdova e por los otros dueños de las dichas boticas fue apellado para ante nos e se presentaron en el mío Conçejo en grado de la dicha apellaçión, e así presentados, nos mandamos dar e dimos una nuestra carta por la qual mandamos que entretanto que por nos lo susodicho sea visto e se mandava lo que se avía de fazer, se guardase e cunpliese la dicha sentençia en todo e por todo segund que en ella se contyene segund que esto e otras cosas más largamente en la dicha nuestra carta se contiene.

E agora por parte de los dichos deán e cabildo de la dicha yglesia de Córdova e de los otros dueños e señores cuyas son las dichas boticas, nos fue fecha relaçión diziendo que por la dicha sentençia e carta por nos dada, ellos avían seýdo y eran muy agraviados porque en todas las çibdades e villas del / Andaluzía se llevava el dicho medio real de cada una de las dichas mugeres del mundo por cada una de las dichas boticas e camas que les davan, e que si la dicha sentençia se avía dado avía seýdo más de fecho que de derecho, por ende que nos suplicavan e pedían por merçed que mandásemos revocar e dar por ninguna la dicha sentençia dada por el dicho nuestro alcalde e la carta por nos dada, e sin enbargo della les pagasen medio real cada un día por la dicha botica e cama como antiguamente lo solían pagar o como la nuestra merçed fuese.

Lo qual visto por los del nuestro Conçejo, fue acordado que a pedimiento e consentimiento del dicho cabildo e de los otros dueños se devía moderar el dicho presçio a doze maravedís cada día e que devíamos mandar dar nuestra carta en la dicha razón e nos tovímoslo por bien, por que vos mandamos a todos e a cada uno de vos que de aquí adelante, sin enbargo de la sentençia e carta sobredicha, por nos dada para que non pagasen las dichas mugeres cada un día por cada botica e cama más de diez maravedís, se puedan llevar de cada una dellas por la dicha botica e cama doze maravedís e no más ni allende, e que en todo lo demás se guarde la dicha sentençia e nuestra carta en todo e por todo segund que en ella se contiene.

E los unos ni los otros non fagades nin fagan ende ál so pena de la nuestra merçed e de diez mill maravedís para la nuestra cámara. E demás mandamos al ome que vos esta nuestra carta mostrare, que vos enplaze que parescades ante nos en la nuestra Corte doquier que nos seamos, del día que vos enplazare fasta quinze días primeros siguientes so la dicha pena, so la qual mandamos a qualquier escrivano público que para esto fuere llamado que dé ende al que ge la mostrare testimonio signado con su signo por que nos sepamos en cómo se cunple nuestro mandado.

Dada en la çibdad de Córdova a veynte e tres días del mes de agosto año del nasçimiento del Nuestro Salvador Ihesuchristo de mill e quatroçientos e noventa e un años.

EJERCICIO RESUELTO 8

INTITULACIÓN (PROTOCOLO): Don Fernando e doña Ysabel, etcétera,
DIRECCIÓN (PROTOCOLO): a vos, Françisco de Bovadilla… …signado de escrivano público,
SALUTACIÓN (PROTOCOLO): salud e graçia.
NOTIFICACIÓN (CUERPO): Sepades que
EXPOSICIÓN (CUERPO): el liçençiado Andrés Calderón… …nuestra carta en la dicha razón
DISPOSICIÓN (CUERPO): e nos tovímoslo por bien… …segund que en ella se contiene.
CLÁUSULA SANCIONATIVA PROHIBITIVA (CUERPO): E los unos ni los otros non fagades nin fagan ende ál
CLÁUSULA SANCIONATIVA PENAL (CUERPO): so pena de la nuestra merçed e de diez mill maravedís para la nuestra cámara.
CLÁUSULA SANCIONATIVA DE EMPLAZAMIENTO (CUERPO): E demás mandamos al ome… …quinze días primeros siguientes so la dicha pena,
CLÁUSULA SANCIONATIVA DE CUMPLIMIENTO (CUERPO): so la qual mandamos a qualquier… …en cómo se cunple nuestro mandado.
DATA TÓPICA (ESCATOCOLO): Dada en la çibdad de Córdova
DATA CRÓNICA (ESCATOCOLO): a veynte e tres días del mes de agosto año del nasçimiento del Nuestro Salvador Ihesuchristo de mill e quatroçientos e noventa e un años.

LÁMINA 9

1580, octubre, 26. Badajoz.

Misiva de Felipe II al duque de Osuna, Pedro Girón, encargándole asistir a las exequias de la reina Ana de Austria.

AHN, Nobleza, Osuna, caja 8, doc. 50.

(Cruz).

El rrey.

Duque primo:

Nuestro Señor ha sido servido de llevarse para sí a la serenísima rreyna doña Anna mi muy chara y muy amada muger oy a las cinco de la mañana, de que yo quedo con el dolor y sentimiento que podéis pensar de tan gran pérdida. Y porque su cuerpo se ha de depositar en el monasterio de Sanct Lorenço y es justo que vaya en su acompañamiento un grande destos rreynos, teniendo yo muy entendido de vuestra voluntad que acceptaréis este trabajo respondiendo a lo que yo os tengo, me ha parescido encomendároslo y rogaros mucho, como lo hago, que luego como recibáis esta vengáis aquí para ello porque el cuerpo havrá de salir desta ciudad mañana en todo el día. Y porque acá entenderéis lo demás que hemos mandado prevenir y ordenar para que todo lo que a esto toca se haga como conviene, no se dize aquí.

De Badajoz XXVI de octubre 1580 años.

Yo el rrey *(rúbrica).*

Por mandado de Su Magestad, Mattheo Vázquez *(rúbrica).*

EJERCICIO RESUELTO 9

PROTOCOLO:

(Cruz). INVOCACIÓN

El rrey. INTITULACIÓN

Duque primo: DIRECCIÓN

CUERPO:

EXPOSICIÓN: Nuestro Señor ha sido servido de llevarse para sí a la serenísima rreyna doña Anna mi muy chara y muy amada muger oy a las cinco de la mañana, de que yo quedo con el dolor y sentimiento que podéis pensar de tan gran pérdida. Y porque su cuerpo se ha de depositar en el monasterio de Sanct Lorenço y es justo que vaya en su acompañamiento un grande destos rreynos, teniendo yo muy entendido de vuestra voluntad que acceptaréis este trabajo respondiendo a lo que yo os tengo, /

DISPOSICIÓN: me ha parescido encomendároslo y rogaros mucho, como lo hago, que luego como recibáis esta vengáis aquí para ello porque el cuerpo havrá de salir desta ciudad mañana en todo el día. Y porque acá entenderéis lo demás que hemos mandado prevenir y ordenar para que todo lo que a esto toca se haga como conviene, no se dize aquí.

ESCATOCOLO:

De Badajoz / XXVI de octubre 1580 años. DATA TÓPICA Y CRÓNICA

Yo el rrey (*rúbrica*). → FIRMA REAL

Por mandado de Su Magestad, Mattheo Vázquez (*rúbrica*). → REFRENDO DEL SECRETARIO

(FIRMA REAL y REFRENDO DEL SECRETARIO:) ELEMENTOS DE VALIDACIÓN Y AUTENTICACIÓN

LÁMINA 10

1618, noviembre, 17. Valladolid.

Sentencia de la Chancillería de Valladolid contra Juan Ochoa de Gurbide.

Archivo de la Real Chancillería de Valladolid, Sala de hijosdalgo, caja 759, doc. 2, ff. 103-103v.

(Cruz).

En el pleito que es entre Juan Ochoa de Gurbide, veçino de la villa de Poçuelo de Velmonte de Taxo, y Pedro de Monrroy, su procurador, de la una parte, y el licençiado don Juan Morales y Varnuebo, fiscal del rrey nuestro señor en esta su Corte y Chancillería, y el conçejo, alcaldes, rregidores, officiales y hombres buenos de la dicha villa de Poçuelo de Velmonte, en su aussencia y reveldía, de la ottra, fallamos que la pparte del dicho Juan Ochoa de Gurvide no provó su petiçión y demanda, dámosla por no provada, y que los dichos fiscal del rrey nuestro sseñor y conçejo y hombres buenos de la dicha villa de Poçuelo de Velmonte provaron sus exsençiones y defensiones, dámoslas por bien provadas.

Por ende devemos de avsolver y avsolvemos a los dichos fiscal del rrey nuestro señor y conçejo y hombres buenos de la dicha villa de Poçuelo de la demanda contra ellos puesta por parte del dicho Juan Ochoa de Gurbide al qual ponemos perpetuo silençio para que agora ni de aquí adelante en tienpo alguno ni por alguna manera no pida ni demande más cossa alguna en rraçón de lo contenido en la dicha demanda.

Y le pronunciamos y declaramos por ombre llano pechero y como a tal le condenamos a que ansí en la dicha villa de Poçuelo de Belmonte donde al pressente bive y mora, como en todas las demás partes y lugares donde bivere *(sic)* y morare y tubiere sus bienes, heredades y haçienda, peche, pague y contribuya en todos los pechos de pecheros, rreales y conçejales, que le ffueren echados y rrepartidos, llanamente como pechero llano.

Y no haçemos condenación de costas.

Y por esta nuestra ssentencia difinitiva [ansí] lo pronunçiamos y mandamos.

Licenciado don Juan de [...] *(rúbrica)*. El licenciado don Juan de Mendoza *(rúbrica)*. / *(Cruz).*

Dada y pronunçiada fue esta ssentençia por los señores alcaldes de los hijosdalgo en Valladolid a diez y siete de novienbre de mill y seisçientos y diez y ocho años.

Salçedo *(rúbrica)*.

EJERCICIO RESUELTO 10

Sentencia

INVOCACIÓN (PROTOCOLO):

(Cruz).

EXPOSICIÓN (CUERPO):

En el pleito que es entre Juan Ochoa de Gurbide, veçino de la villa de Poçuelo de Velmonte de Taxo, y Pedro de Monrroy, su procurador, de la una parte, y el licençiado don Juan Morales y Varnuebo, fiscal del rrey nuestro señor en esta su Corte y Chancillería, y el conçejo, alcaldes, rregidores, officiales y hombres buenos de la dicha villa de Poçuelo de Velmonte, en su aussencia y reveldia, de la ottra,

DISPOSICIÓN (CUERPO):

fallamos que la pparte del dicho Juan Ochoa de Gurvide no provó su petiçión y demanda, dámosla por no provada, y que los dichos fiscal del rrey nuestro sseñor y conçejo y hombres buenos de la dicha villa de Poçuelo de Velmonte provaron sus exsençiones y defensiones, dámoslas por bien provadas.

Por ende devemos de avsolver y avsolvemos a los dichos fiscal del rrey nuestro señor y conçejo y hombres buenos de la dicha villa de Poçuelo de la demanda contra ellos puesta por parte del dicho Juan Ochoa de Gurbide al qual ponemos perpetuo silençio para que agora ni de aquí adelante en tienpo alguno ni por alguna manera no pida ni demande más cossa alguna en rraçón de lo contenido en la dicha demanda.

Y le pronunciamos y declaramos por ombre llano pechero y como a tal le condenamos a que ansí en la dicha villa de Poçuelo de Belmonte donde al pressente bive y mora, como en todas las demás partes y lugares donde bivere *(sic)* y morare y tubiere sus bienes, heredades y haçienda, peche, pague y contribuya en todos los pechos de pecheros, rreales y conçejales, que le ffueren echados y rrepartidos, llanamente como pechero llano.

Y no haçemos condenacion de costas.

CLÁUSULA CORROBORATIVA (CUERPO):

Y por esta nuestra ssentencia difinitiva [ansí] lo pronunçiamos y mandamos.

ELEMENTOS DE VALIDACIÓN Y AUTENTICACIÓN, FIRMAS DE LOS JUECES (ESCATOCOLO):

Licenciado don Juan de [...] *(rúbrica).* El licenciado don Juan de Mendoza *(rúbrica).* /

Acta de pronunciamiento

INVOCACIÓN (PROTOCOLO):

(Cruz)

EXPOSICIÓN (CUERPO):

Dada y pronunçiada fue esta ssentençia por los señores alcaldes de los hijosdalgo

Dentro de la exposición se incluye la data tópica y crónica de la sentencia:

en Valladolid a diez y siete de novienbre de mill y seisçientos y diez y ocho años.

ELEMENTOS DE VALIDACIÓN Y AUTENTICACIÓN, FIRMA DEL ESCRIBANO (ESCATOCOLO):

Salçedo *(rúbrica).*

LÁMINA 11

Siglo XVII. Escalona.

Petición de Juan de la Rúa al concejo de Escalona para que se le paguen ciertos maravedís que se le deben.

AME, Hacienda, Contabilidad, Miscelánea, libro único, f. 693.

(Cruz).

Muy magníficos señores:

Juan de la Rúa, vecino desta villa, besa las manos a vuestras merçedes y dize quel ayuntamiento desta villa le deve çien rreales de rresta de la quinta parte de los maravedís que se gastaron en adobar la puente del rrío de Alverche desta villa.

Pide y suplica a vuestras merçedes se los manden pagar porquél á de dar sus qüentas por Navidad.

(Calderón) Otrosí suplica a vuestras merçedes le manden pagar los maravedís del tienpo que se ocupó en rrepartir las alcabalas, de hazer tres padrones, y más de beynte días que se ocupó en ello según les es notorio [a] algunos de vuestras merçedes, porque del Consejo del marqués mi señor mandan que los buelva los que llevó y que el ayuntamiento desta villa los pague pues es justo se pague a cada uno lo que trabaja y por la merçed.

(Rúbrica).

EJERCICIO RESUELTO 11

(*Cruz*).
Muy magníficos señores:
Juan de la Rúa, vecino desta villa, besa las manos a vuestras merçedes y dize quel ayuntamiento desta villa le deve çien rreales de rresta de la quinta parte de los maravedís que se gastaron en adobar la puente del rrío de Alverche desta villa.
Pide y suplica a vuestras merçedes se los manden pagar porquél á de dar sus qüentas por Navidad.
(*Calderón*) Otrosí suplica a vuestras merçedes le manden pagar los maravedís del tienpo que se ocupó en rrepartir las alcabalas, de hazer tres padrones, y más de beynte días que se ocupó en ello según les es notorio [a] algunos de vuestras merçedes, porque del Consejo del marqués mi señor mandan que los buelva los que llevó y que el ayuntamiento desta villa los pague pues es justo se pague a cada uno lo que trabaja y por la merçed.
(*Rúbrica*).

PROTOCOLO:
Invocación.
Dirección.
Intitulación.
CUERPO:
Cláusula de sometimiento.
Exposición.
Disposición peticionaria.
ESCATOCOLO:
Elementos de validación y autenticación, rúbrica.

LÁMINA 12

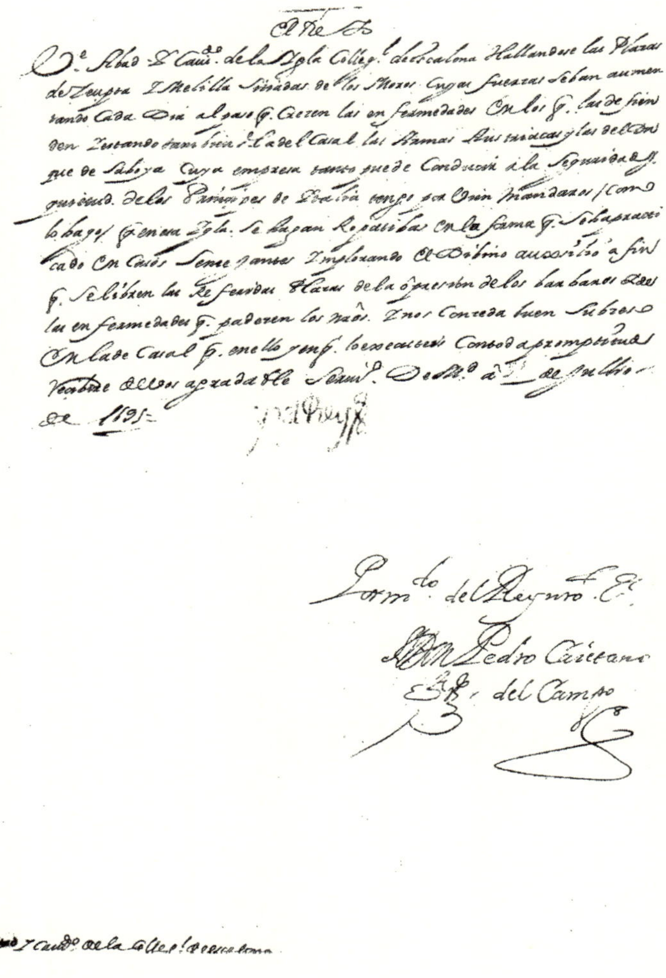

1695, julio, 31. Madrid.

Cédula real de Carlos II ordenando hacer rogativas en la colegiata de Escalona.

Archivo parroquial de San Miguel de Escalona, sin catalogar.

(Cruz).

El rrey.

Venerable abad y cavildo de la yglesia collegial de Escalona:

Hallándose las plazas de Zeupta y Melilla sitiadas de los moros, cuyas fuerzas se ban aumentando cada día al paso que crezen las enfermedades en los que las defienden, y estando también sobre la del Casal las armas austríacas y las del duque de Saboya, cuya empresa tanto puede conduçir a la seguridad y quietud de los prínçipes de Ytalia, tengo por vien mandaros como lo hago que en esa yglesia se hagan rrogatibas en la forma que se ha practicado en casos semejantes ymplorando el dibino auxilio a fin que se libren las rreferidas plazas de la opresión de los bárbaros y de las enfermedades que padezen los nuestros y nos conzeda buen subzeso en la de Casal, que en ello y en que lo executéis con toda promptitud reçibiré de vos agradable serviçio.

De Madrid a 31 de jullio de 1695.

Yo el rrey *(rúbrica)*.

Por mandado del rrey nuestro señor, don Pedro Caietano del Campo *(rúbrica)*.

Abad y cavildo de la collegial de Escalona.

EJERCICIO RESUELTO 12

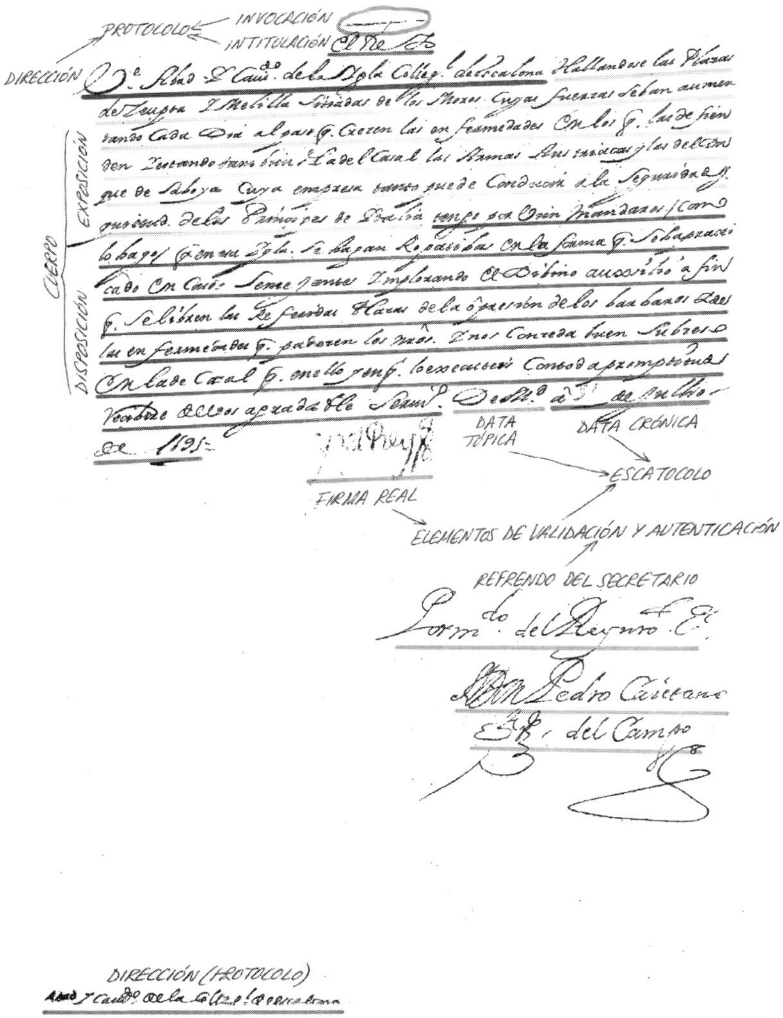

LÁMINA 13

1733, noviembre, 26. San Lorenzo de El Escorial (Madrid).

Real decreto de Felipe V ordenando acoger en las islas Filipinas a los misioneros expulsados de China.

AGI, Filipinas, caja 95, doc. 95.

(Cruz).

Por el adjunto breve del papa que remito al Consejo reconozerá los deseos que manifiesta Su Santidad de que los misioneros apostólicos que se hallavan en las ciudades de Cantón y de Macao en la China y que han sido expulsos de ellas por la bárbara persecuzión de aquellos gentiles, puedan retirarse y esperar se sosieguen aquellos ánimos alterados contra ellos, en la ciudad de Manila o en sus cercanías. Y deseando yo igualmente el concurrir a su mayor seguridad, así por lo que en ello ynteresa nuestra sagrada rreligión como por dar esta prueba más de mi filial obediencia a las ynsinuaziones de Su Santidad, mando que por ese Consejo se expidan luego las órdenes correspondientes al governador y presidente de la audiencia de las yslas Philipinas para que permitan vajo de las precauciones que juzgaren combenientes, a dichos misioneros apostólicos el residir en la ciudad de Manila o en el paraje que tengan por más a propósito en aquellas yslas. Tendrase entendido en el Consejo de las Yndias para su cumplimiento.

(Rúbrica).

En San Lorenzo el Real a 26 de noviembre, 1733.

A don Juan Bentura de Maturana.

EJERCICIO RESUELTO 13

(Cruz). INVOCACIÓN (PROTOCOLO)

Por el adjunto breve del papa que remito al Consejo reconozerá los deseos que manifiesta Su Santidad de que los misioneros apostólicos que se hallavan en las ciudades de Cantón y de Maco en la China y que han sido expulsos de ellas por la bárbara persecuzión de aquellos gentiles, puedan retirarse y esperar se sosieguen aquellos ánimos alterados contra ellos en la ciudad de Manila o en sus cercanias. Y deseando yo igualmente el concurrir a su mayor seguridad, así por lo que en ello ynteresa nuestra sagrada rreligión como por dar esta prueba más de mi filial obediencia a las ynsinuaziones de Su Santidad, / mando que por ese Consejo se expidan luego las órdenes correspondientes al governador y presidente de la audiencia de las yslas Philipinas para que permitan vajo de las precauciones que juzgaren combenientes a dichos misioneros apostólicos el residir en la ciudad de Manila o en el paraje que tengan por más a propósito en aquellas yslas. Tendrase entendido en el Consejo de las Yndias para su cumplimiento.

EXPOSICIÓN / DISPOSICIÓN — CUERPO

ESCATOCOLO

(*Rúbrica*). ELEMENTOS DE VALIDACIÓN Y AUTENTICACIÓN, RÚBRICA REAL

En San Lorenzo el Real / a 26 de noviembre, 1733. DATA TÓPICA Y CRÓNICA

A don Juan Bentura de Maturana. DIRECCIÓN (PROTOCOLO)

LÁMINA 14

1775, julio, 7. Madrid.

Real orden de Carlos III encargando al conde de Cifuentes, Juan de Silva, el mando de cinco escuadrones en la expedición a Argel acaudillada por el conde Alejandro O'Reilly.

AHN, Nobleza, Cifuentes, caja 9, doc. 28.

(Cruz).

Excelentísimo señor:

Ha sido muy grato al rrey el zelo de vuestra excelencia en la reiterada solicitud para emplearse en la expedición, y con la justa confianza que Su Magestad tiene del desempeño de vuestra excelencia en los encargos del servicio que se ponen a su cuidado, / ha concedido a vuestra excelencia el mando de los cinco esquadrones, tres de cavallería: de la rreyna, Calatrava y voluntarios, y dos de dragones: de Sagunto y Lusitania, que se juntan los quatro primeros en Málaga y el último en Cartagena, a prevención para refuerzo de aquel exército en caso necesario. /

Y quiere Su Magestad que disponga vuestra excelencia su pronta marcha a Málaga para que pueda embarcarse con esta tropa quando lo hallare conveniente y la pida el comandante general conde de O'Reylli que proporcionará a vuestra excelencia el servicio correspondiente. /

Y de su real orden doy a vuestra excelencia esta noticia para su inteligencia y cumplimiento.

Dios guarde a vuestra excelencia muchos años.

Palacio, 7 de julio de 1775.

El conde de Ricla *(rúbrica).*

Señor conde de Cifuentes.

EJERCICIO RESUELTO 14

(*Cruz*).
Excelentísimo señor:
Ha sido muy grato al rrey el zelo de vuestra excelencia en la reiterada solicitud para emplearse en la expedición, y con la justa confianza que Su Magestad tiene del desempeño de vuestra excelencia en los encargos del servicio que se ponen a su cuidado, / ha concedido a vuestra excelencia el mando de los cinco esquadrones, tres de cavallería: de la rreyna, Calatrava y voluntarios, y dos de dragones: de Sagunto y Lusitania, que se juntan los quatro primeros en Málaga y el último en Cartagena, a prevención para refuerzo de aquel exército en caso necesario. /
Y quiere Su Magestad que disponga vuestra excelencia su pronta marcha a Málaga para que pueda embarcarse con esta tropa quando lo hallare conveniente y la pida el comandante general conde de O'Reylli que proporcionará a vuestra excelencia el servicio correspondiente. /
Y de su real orden doy a vuestra excelencia esta noticia para su inteligencia y cumplimiento.
Dios guarde a vuestra excelencia muchos años.
Palacio, 7 de julio de 1775.
El conde de Ricla (*rúbrica*)
Señor conde de Cifuentes.

PROTOCOLO:
- Invocación: cruz.
- Dirección: Excelentísimo señor.

CUERPO:
- Exposición: Ha sido muy grato... ... el servicio correspondiente.
- Disposición: Y de su real orden... ... inteligencia y cumplimiento.
- Cláusula de cortesía: Dios guarde... ... muchos años.

ESCATOCOLO:
- Data tópica: Palacio,
- Data crónica: 7 de julio de 1775.
- Elementos de validación y autentificación: firma del conde de Ricla

PROTOCOLO:
- Dirección: Señor conde de Cifuentes.

LÁMINA 15

✠

NOS el Doct. D. Pedro de Rivero y la Encina, Cànonigo de la Sta. Iglesia Primada de las Españas de esta Ciudad de Toledo, Inquisidor y Vicario general de ella y su Arzobispado &c.

POR Real Cédula de S. M. y Señores del Consejo de 10 de Julio del presente año está resuelto, que todos los que viagen á cinco leguas del Pueblo de su residencia, lleven Pasaporte de las respectibas Justicias, con término fixo para la presentacion de ellos, á la del lugar de su destino, con el objeto de facilitár el conocimiento y persecucion de los verdaderos malhechores, y personas que induzcan fundadas sospechas de serlo. Y como la triste esperiencia acredita que los malhechores se disfrazan à las veces con el havito eclesiastico para burlar la vigilancia de las Justicias; es interesante al buen orden, y al decoro del estàdo, que obserbando los Eclesiasticos la sobre dicha resolucion, al paso que acrediten la indentidad de su persona, cotribuyan indirectamente al descubrimiento de las personas sospechosas; Por tanto, encargamos, y mandamos, que así se cumpla, y execute, y que todo Eclesiastico que venga à esta Capital con qualquier motivo, se nos presente en el Tribunal de nuestro cargo, á la hora de Audiencia á Nos ó nuestro Teniente, presentandonos igualmente su Pasaporte, y licencia, teniendo entendido, que de no hacer lo asi serán pesquisados, y castigados conforme á derecho.

Y para que llegue à noticia de todos, lo mandamos imprimir, publicar y circulàr en la forma ordinaria: Toledo trece de Agosto de mil ochocientos diez y siete.

Doct. D. Pedro de Rivero y la Encina.

Por mandado de Su SSria.

Ysidro Barsi.

1817, agosto, 13. Toledo.

Mandamiento del vicario general de Toledo, Pedro de Rivero, para que los eclesiásticos forasteros se acrediten en el obispado en cumplimiento de una cédula real sobre el particular.

Archivo parroquial de San Miguel de Escalona, sin catalogar.

(Cruz).

Nos el doctor don Pedro de Rivero y la Encina, canónigo de la santa iglesia primada de las Españas de esta ciudad de Toledo, inquisidor y vicario general de ella y su arzobispado, etcétera.

Por rreal cédula de Su Majestad y señores del Consejo de 10 de julio del presente año está resuelto que todos los que viagen a cinco leguas del pueblo de su residencia lleven pasaporte de las respectibas justicias con término fixo para la presentación de ellos a la del lugar de su destino con el objeto de facilitar el conocimiento y persecución de los verdaderos malhechores y personas que induzcan fundadas sospechas de serlo. Y como la triste esperiencia acredita que los malhechores se disfrazan a las veces con el hávito eclesiástico para burlar la vigilancia de las justicias, es interesante al buen orden y al decoro del Estado que, obserbando los esclesiásticos la sobredicha resolución, al paso que acrediten la identidad de su persona contribuyan indirectamente al descubrimiento de las personas sospechosas.

Por tanto, encargamos y mandamos que así se cumpla y execute y que todo eclesiástico que venga a esta capital con qualquier motivo, se nos presente en el tribunal de nuestro cargo a la hora de audiencia, a nos o nuestro teniente, presentándonos igualmente su pasaporte y licencia, teniendo entendido que de no hacerlo así serán pesquisados y castigados conforme a derecho.

Y para que llegue a noticia de todos lo mandamos imprimir, publicar y circular en la forma ordinaria.

Toledo trece de agosto de mil ochocientos diez y siete.

Doctor don Pedro de Rivero y la Encina *(rúbrica).*

Por mandado de su sseñoría, Ysidro Barsi *(rúbrica).*

EJERCICIO RESUELTO 15

Invocación (protocolo): *(Cruz).*
Intitulación (protocolo): líneas 1 a 3.
Exposición (cuerpo): líneas 4 a 13.
Disposición (cuerpo): líneas 14 a 17 (...pasaporte y licencia).
Cláusula sancionativa penal (cuerpo): líneas 17 y 18 (teniendo entendido que de no hacerlo así serán pesquisados y castigados conforme a derecho).
Cláusula sancionativa de publicación (cuerpo): líneas 19 y 20 (...en la forma ordinaria).
Data tópica (escatocolo): línea 20 (Toledo).
Data crónica (escatocolo): línea 20 (trece de agosto de mil ochocientos diez y siete).
Elementos de validación y autenticación, firma del canónigo (escatocolo): Doctor don Pedro de Rivero y la Encina *(rúbrica).*
Elementos de validación y autenticación, refrendo del notario mayor de la vicaría (escatocolo): Por mandado de su sseñoría, Ysidro Barsi *(rúbrica).*
La numeración de las líneas corresponde al facsímil del documento, no al proceso de transcripción.

Bibliografía

Aguirre Landa, Isabel (1998): «Un formulario del Consejo de la Cámara del siglo xvi», en José Martínez Millán (coord.): *Felipe II (1527-1598): Europa y la monarquía católica,* vol. i, tomo 1, Madrid: Parteluz, pp. 33-78.

Ávila Seoane, Nicolás (2011): «La memoria regia en los documentos de merced a las sedes episcopales de la *extremadura* castellana: de Alfonso VII a Alfonso X», en Pascual Martínez Sopena y Ana Rodríguez López (eds.): *La construcción medieval de la memoria regia,* Valencia: Universidad de Valencia, pp. 107-134.

Beneyto Pérez, Juan (1932): «Sobre las fórmulas visigodas Judas, Datán y Abirón», *Boletín de la Real Academia de la Historia,* 101, pp. 191-197.

Boüard, Alain de (1929): *Manuel de diplomatique française et pontificale,* vol. i, París: Éditions Auguste Picard.

Cabezas Fontanilla, Susana (2009): «De la *invocatio* en los documentos altomedievales (718-910)», en Juan Carlos Galende Díaz y Javier de Santiago Fernández (dirs.): *VIII Jornadas Científicas sobre Documentación en la Hispania Altomedieval (siglos vi-x),* Madrid: Universidad Complutense de Madrid, pp. 43-78.

— y Nicolás Ávila Seoane (2010): «La intitulación en la documentación regia: de Pelayo a Alfonso VI», en Alfonso García Leal, Ramón Gutiérrez González y Clara Elena Prieto Entrialgo (eds.): *MC aniversario de la muerte de Alfonso III y de la tripartición del territorio del reino de Asturias,* vol. i, Oviedo: Ediciones Trabe, pp. 263-312.

— y Nicolás Ávila Seoane (2011): «Cómo fechaba la oficina real astur-leonesa y castellana hasta el siglo xii», en Juan Carlos Galende Díaz y Javier de Santiago Fernández (dirs.): *X Jornadas Científicas sobre Documentación: El calendario y la datación histórica,* Madrid: Universidad Complutense de Madrid, pp. 59-120.

Crespo Rico, Miguel Ángel, José Ramón Cruz Mundet, José Manuel Gómez Lago y José Ángel Lema Pueyo (1996): *Colección documental del Archivo Municipal de Mondragón (1451-1470),* San Sebastián: Sociedad de Estudios Vascos.

Díez de Revenga, Pilar (1991): «Algunas expresiones de la *sanctio* en cartas medievales», *Voces*, 2, pp. 63-72.

Duranti, Luciana (1996): *Diplomática. Usos nuevos para una antigua ciencia*, Carmona: S&C Ediciones (La primera edición, en italiano, fue publicada, dividida en seis artículos, por la revista *Archivaria* entre 1989 y 1992, números 28 a 33.)

Enríquez Fernández, Javier, Concepción Hidalgo de Cisneros Amestoy y Adela Martínez Laidalga (2002): *Archivo General de Simancas. Registro General del Sello. Vizcaya (1475-1477)*, San Sebastián: Sociedad de Estudios Vascos.

— Concepción Hidalgo de Cisneros Amestoy y Adela Martínez Laidalga (2007): *Archivo Foral de Vizcaya: sección notarial (1459-1520), consulado de Bilbao (1512-1520)*, San Sebastián: Sociedad de Estudios Vascos.

Fichtenau, Heinrich (1957): *Arenga: Spätantike und Mittelalter im Spiegel von Urkundenformeln*, Graz/Colonia: Böhlau.

— (1986): «Adressen von Urkunden und Briefen», en Heinrich Fichtenau: *Beiträge zur Mediävistik*, vol. 3, Stuttgart: Anton Hiersemann, pp. 149-166.

— (1986): «Forschungen über Urkundenformeln», *Mitteilungen des Instituts für österreichische Geschichtsforschung*, 94, pp. 285-339.

Floriano Cumbreño, Antonio Cristino (1949-1951): *Diplomática española del período astur. Estudio de las fuentes documentales del reino de Asturias (718-910)*, 2 vols., Oviedo: Diputación Provincial de Oviedo.

Galende Díaz, Juan Carlos (1996): «Un sistema de validación documental: de la quirografía a las cartas partidas», *Espacio, Tiempo y Forma. Historia Medieval*, 9, pp. 347-381.

Giry, Arthur (1894): *Manuel de diplomatique*, París: Hachette.

González y González, Julio (1980-1986): *Reinado y diplomas de Fernando III*, 3 vols., Córdoba: Caja de Ahorros de Córdoba.

Grassotti, Hilda (1965): «La ira regia en León y Castilla», *Cuadernos de Historia de España*, 41-42, pp. 5-135.

Guyotjeannin, Olivier, Jacques Pycke y Benoît-Michel Tock (1993): *Diplomatique médiévale*, Turnhout: Brepols.

Heredia Herrera, Antonia (1974): «La pragmática de los "tratamientos y cortesías": fuente legal para el estudio de la diplomática moderna», *Archivo Hispalense*, 176, pp. 155-161.

Hernández y Dávalos, Juan Evaristo (2008): *Colección de documentos para la Historia de la Guerra de Independencia de México de 1808 a 1821*, vol. vi, México: Universidad Nacional Autónoma de México. (La edición príncipe fue publicada entre 1877 y 1882.)

Lorenzo Cadarso, Pedro Luis (1999): «Cláusulas y formulismos en la documentación judicial castellana de los siglos XVI y XVII», *Signo. Revista de Historia de la Cultura Escrita*, 6, pp. 205-221.

— (2004): *La documentación judicial en la época de los Austrias. Estudio archivístico y diplomático*, Cáceres: Universidad de Extremadura.

MARTÍN FUERTES, José Antonio (2002-2003): «El *signum regis* en el reino de León (1157-1230). Notas sobre su simbolismo», *Argutorio*, 9, pp. 15-19, y 10, pp. 12-13.

MARTÍN LÓPEZ, María de la Encarnación (1990): «Las cláusulas penales espirituales en la documentación leonesa del siglo XII por un estudio de la *sanctio*», *Estudios Humanísticos. Geografía, Historia y Arte*, 12, pp. 111-118.

MARTÍN POSTIGO, María de la Soterraña (1964): «La Cancillería castellana en la primera mitad del siglo XVI». *Hispania*, 95, pp. 348-367, y 96, pp. 509-551.

— (1967): «Aportación al estudio de la Cancillería Real castellana en la segunda mitad del siglo XVI», *Hispania*, 106, pp. 381-404.

— (1987): «La cancillería real castellana en el siglo XVII», *Cuadernos de Historia de España*, 69, pp. 123-195.

MARTÍN RODRÍGUEZ, José Luis (1982): «La utilidad de las fórmulas inútiles de los documentos medievales», en *Semana de Historia del Monacato Cántabro-Astur-Leonés*, Oviedo: Monasterio de San Pelayo, pp. 81-86.

MARTÍNEZ GÁZQUEZ, José, José María ESCOLÀ TUSET, Nadia PETRUS PONS y Daniel RAMÓN GARCÍA (2005): «Las fórmulas de imprecación en Cataluña en los siglos IX al XI», *Faventia*, 27-1, pp. 73-96.

MATEU Y LLOPIS, Felipe (1953): «Las cláusulas penales pecuniarias de los *Documentos para la Historia de las Instituciones de León y de Castilla (siglos X-XIII)*», *Anuario de Historia del Derecho Español*, 23, pp. 579-591.

MATTOSO, José (1971): «*Sanctio* (875-1100)», *Revista Portuguesa de História*, 13, pp. 299-338.

MILLARES CARLO, Agustín (1926): «La Cancillería Real en León y Castilla hasta fines del reinado de Fernando III», *Anuario de Historia del Derecho Español*, 3, pp. 227-306.

MORENO TRUJILLO, María Amparo (2008): «"A vos, para quien todo bien e onrra deseamos". Un temprano documento sobre la corrección en la dirección documental cancilleresca», *Chronica Nova*, 34, pp. 317-340.

MUÑOZ Y RIVERO, Jesús (1881): *Nociones de diplomática española. Reseña sumaria de los caracteres que distinguen los documentos anteriores al siglo XVIII auténticos de los que son falsos o sospechosos*, Madrid: La Guirnalda.

OSTOS SALCEDO, Pilar (2004): «Cancillería castellana y lengua vernácula. Su proceso de consolidación», *Espacio, Tiempo y Forma. Historia Medieval*, 17, pp. 471-483.

PALACIOS MARTÍN, Bonifacio (2003): *Colección diplomática medieval de la Orden de Alcántara (1157?-1494)*, vol. II (1454-1494), Madrid: Editorial Complutense.

PAOLI, Cesare (1942): *Diplomatica*, ed. rev. por Giacomo Carlo Bascapè, Florencia: Sansoni.

PRATESI, Alessandro (1987): *Genesi e forme del documento medievale*, Roma: Jouvence. (El embrión de este libro fueron los *Lineamenti di diplomatica generale* o apuntes que el profesor Pratesi preparó a principios de los años setenta del siglo XX para uso de sus alumnos de la Universidad de Bari. En 1979 se publicaron por vez primera con el título actual. Utilizo la edición ampliada de 1987.)

RABIKAUSKAS, Paulius (1967): *Diplomatica generalis (praelectionum lineamenta)*, Roma: Pontificia Universidad Gregoriana. (Segunda edición, la príncipe es de 1964.)

RAMÍREZ JIMÉNEZ, David (2012): «Las cartas reales y los documentos de la diplomacia española en época isabelina», en Juan Carlos Galende Díaz y Susana Cabezas Fontanilla (dirs.): *De documentación y documentos madrileños*, Madrid: Universidad Complutense de Madrid, pp. 245-307.

REAL ACADEMIA ESPAÑOLA (2005): *Diccionario panhispánico de dudas*, Madrid: Real Academia Española.

RIESCO TERRERO, Ángel (2002): «Tipificación y anquilosamiento de una de las principales fórmulas de espontaneidad y agrado, inserta en actos de libre voluntad y en documentos públicos y privados antiguos, medievales y modernos», en *Littera scripta in honorem profesor Lope Pascual Martínez*, vol. II, Murcia: Universidad de Murcia, pp. 875-890.

RUIZ GARCÍA, Elisa (2002): *Introducción a la codicología*, Madrid: Fundación Germán Sánchez Ruipérez.

SANZ FUENTES, María Josefa (1979): «La confirmación de privilegios en la Baja Edad Media. Aportación a su estudio», *Historia, Instituciones, Documentos*, 6, pp. 341-367.

SARRABLO AGUARELES, Eugenio (1941): *Nociones de diplomática según las obras de Giry, Boüard, Muñoz Rivero, etcétera*, Alcalá de Henares: Talleres Penitenciarios Alcalá.

SICKEL, Theodor von (1867): *Acta regum et imperatorum Karolinorum digesta et enarrata*, vol. I, Viena: Hijo de Carl Gerold.

TRENCHS ODENA, José, y Francisco Miguel GIMENO BLAY (1989): *La paleografía y la Diplomática en España (siglo XX)*, Valencia: Universidad de Valencia.

BIBLIOGRAFÍA DE CONSULTA

Floriano Cumbreño, Antonio Cristino (1946): *Curso general de paleografía y diplomática españolas*, Oviedo: Universidad de Oviedo.

Galende Díaz, Juan Carlos, Susana Cabezas Fontanilla, Nicolás Ávila Seoane, Bárbara Santiago Medina y Noelle Rodríguez Garrido (2011): *La diplomática más allá del aula. Recursos audiovisuales para su enseñanza*, Madrid: Universidad Complutense de Madrid, edición en DVD.

Lorenzo Cadarso, Pedro Luis (2000): «Caracteres extrínsecos e intrínsecos del documento», en Ángel Riesco Terrero (ed.): *Introducción a la paleografía y la diplomática general*, Madrid: Síntesis, pp. 257-284.

— (2001): *El documento real en la época de los Austrias (1516-1700)*, Cáceres: Universidad de Extremadura.

Marín Martínez, Tomás, y José Manuel Ruiz Asencio (dirs.) (1988): *Paleografía y diplomática*, 2 vols., Madrid: Universidad Nacional de Educación a Distancia. (Como ya se dijo, la primera edición apareció en 1977.)

Martín Postigo, María de la Soterraña (1959): *La Cancillería de los Reyes Católicos*, Valladolid: Universidad de Valladolid.

Riesco Terrero, Ángel (2003): *Vocabulario científico-técnico de paleografía, diplomática y ciencias afines*, Madrid: Barrero & Azedo.

Tamayo López-Machuca, Alberto (1996): *Archivística, diplomática y sigilografía*, Madrid: Cátedra.

RECURSOS ELECTRÓNICOS

Centre National de la Recherche Scientifique: Telma (Traitement Électronique des Manuscrits et des Archives), <www.cn-telma.fr>.

Ministerio de Educación, Cultura y Deporte: Pares (Portal de Archivos Españoles), <http://pares.mcu.es>.

Monasterium. Europe's Virtual Documents Online: <http://monasterium.net>.

Otros títulos de esta colección

Nueva introducción a la bibliografía material. PHILIP GASKELL

Manual básico de lexicografía. JOSÉ MARTÍNEZ DE SOUSA

Pequeña historia del libro. JOSÉ MARTÍNEZ DE SOUSA

Manual de estilo de la lengua española (4.ª edición, revisada y ampliada). JOSÉ MARTÍNEZ DE SOUSA

Diccionario de usos y dudas del español actual (DUDEA). JOSÉ MARTÍNEZ DE SOUSA

Libro de estilo Vocento. JOSÉ MARTÍNEZ DE SOUSA

Ortografía y ortotipografía del español actual (3.ª edición). JOSÉ MARTÍNEZ DE SOUSA

Diccionario de uso de las mayúsculas y minúsculas. JOSÉ MARTÍNEZ DE SOUSA

Antes de que se me olvide. Una aventura tipográfica y bibliológica personal e intransferible. JOSÉ MARTÍNEZ DE SOUSA

El libro de arte en España durante la edad moderna RAMON SOLER I FABREGAT

La política del libro durante la Segunda República: socialización de la cultura. ANA MARTÍNEZ RUS

Orbe tipográfico. El mercado del libro en la Sevilla de la segunda mitad del siglo XVI. CARLOS ALBERTO GONZÁLEZ SÁNCHEZ Y NATALIA MAILLARD ÁLVAREZ

Diccionario de bibliología y ciencias afines. JOSÉ MARTÍNEZ DE SOUSA

Los patronos del libro. Las asociaciones corporativas de editores y libreros. ANA MARTÍNEZ RUS, RAQUEL SÁNCHEZ GARCÍA Y JESÚS ANTONIO MARTÍNEZ MARTÍN

Donde dice... debiera decir. Manías lingüísticas de un barman corrector de estilo. ALBERTO GÓMEZ FONT

CALPE. Paradigma editorial (1918-1925).
JUAN MIGUEL SÁNCHEZ VIGIL

Los señores del libro: propagandistas, censores y bibliotecarios en el primer franquismo. EDUARDO RUIZ BAUTISTA

La palabra y su escritura. JOSÉ MARTÍNEZ DE SOUSA

El papel y el píxel. JOSÉ AFONSO FURTADO

«San León Librero»: las empresas culturales de Sánchez Cuesta.
ANA MARTÍNEZ RUS

Tiempo de censura. La represión editorial durante el franquismo.
EDUARDO RUIZ BAUTISTA (COORD.)

Revistas ilustradas en España. Del Romanticismo a la guerra civil.
JUAN MIGUEL SÁNCHEZ VIGIL

Tipografía y notaciones científicas. JAVIER BEZOS LÓPEZ

Diseño, comunicación y neurociencias. JORGE DE BUEN UNNA

Introducción al estudio de la tipografía. JORGE DE BUEN UNNA

Lecturas de psicología de la lectura. ANTONIO ÁLVAREZ CRUZ

Historia de la escritura latina e hispánica. ALBERTO TAMAYO

Una colección para la transición. Espejo de España, de la Editorial Planeta (1973-1978). DAVID ESCOBAR LAPLANA

Gutenberg 2.0. La revolución de los libros electrónicos. JOSÉ ANTONIO CORDÓN GARCÍA, RAQUEL GÓMEZ DÍAZ Y JULIO ALONSO ARÉVALO

Una historia transatlántica del libro. Relaciones editoriales entre España y América latina (1936-1950).
FERNANDO LARRAZ ELORRIAGA

Historia de la cultura escrita. ANTONIO CASTILLO GÓMEZ (COORD.)

La edición en España: industria cultural por excelencia.
JUAN MIGUEL SÁNCHEZ VIGIL